経済学と経済学者

学ぶ喜びと知る楽しさ

櫻井　毅

社会評論社

経済学と経済学者 —— 学ぶ喜びと知る楽しさ —— ＊目次

I

II

I

第1章　経済とは何か、経済学とはどんな学問か
――高校生のために――

一　「経済」という言葉

経済学という学問への好奇心をまず持ってもらうために、はじめに「経済」という言葉の説明から入りたいと思います。「経済」という言葉は普通何気なく使われているけれども、その意味を聞かれるとなかなか答えにくいのではありませんか。考えられるのは物の生産だとか消費、流通あるいはお金の動き、等々を含めて人間の物質的な欲望を満足させるそのような仕組みのことが頭に浮かぶでしょうが、他方で、「それは経済だね」などという表現もあって、その場合には「経済」という言葉は倹約、つまり節約になるというような意味で使われます。そこには金儲けという意味はないのですね。英語のeconomyも本来は節約という意味だったかもしれませんね。海外旅行の時のエコノミー・クラスというのは聞いたことがあるでしょう。あれはそういう意味から派生した形容詞で、「節約的な、安い席」という意味ですね。

さて日本語の「経済」という言葉はもともと「経国済民」あるいは「経世済民」から来ている

といわれています。私は大学でもこんな話を何年もやっていたので、この言葉が「宋史」の中に出てくる言葉で、国を治め民を救う統治という意味だったというようなことをしゃべったことを記憶しています。徹底的に調べたわけではありませんから、もっと出典は他にあるかもしれない。本当は正確を期するために改めてちゃんと調べなおしてこなければいけないのですけれども、大学を辞めて図書館の利用がとても不便になったものですから、今日はやってこなかった。昔の記憶でしゃべっているわけです。だから今日はあまり細かなことには煩わされないでいいことにしてください。今日は、気楽に皆さんとおしゃべりしたいと思ってやってきたんです。

ともかくもともとは「経済」という言葉は漢字ですから中国の言葉なんですけれど、日本では、といってもここでは江戸時代のことを言っているのですが、その頃は「経国済民」をつづめて「経済」という場合が多かった。もちろんその「経済」も中国の古典にその出典例はあるわけです。でもそれは今日われわれが使っている意味とは違っていたようです。あとでまた言うかもしれませんけど、「経済」という言葉の現在の意味は、むしろ日本語から逆に中国に渡ったんだといわれているようです。

ところでいま、中国といいましたがそれは現在の国名のことですけれど、ここではもっと一般的に汎称として使っています。あのあたりは昔から英語だとChina、日本語だとシナと総称していました。中国という言葉とシナという言葉はかならずしもぴったり重なる概念ではないんです。中国というのはもともと世界の中心の国という意味で、元来はいまの湖南省、周王朝があった黄河の流域のあたりを指した言葉のようです。英語のChinaに代表されるような欧州語の方の語源としては最初の統一国家をつくった秦（シン）に由来するといわれています。ともあれ中国というのはその外側は野蛮人つまり夷狄が住む地域である、という中華思想からきていることは確かです。中国にとっては日本は東夷の国にほかなりませんが、でも日本という表現だって、外国から見ればかなり尊大な表現ですね。支那（シナ）というのはもともとサンスクリット語の仏典を当時の中国人の翻訳官が漢語に翻訳した時の音による当て字といわれていますが、でもここではシナという言い方もやめて普通に使われている「中国」にしておきましょう。シナという言い方には他の国ではまったく問題はないのですが、日本では戦前からいろいろ政治的な思惑が結びついていて、何かと面倒な話になりかねないからです。だからそういう意味で聞いていてください。

もとに戻ります。杜甫の詩のなかにも「経済」という表現があって、それを見た記憶がありますが、使っていた意味は違っていたような気がします。いま確かめていないんですが、あったとすればこれは唐の時代ですね。それでも「経国済民」を中国ではその意味で「経済」という形でつづめて使われる例は少なかったようです。しかし日本では例えば江戸時代の太宰春台の著書に『経済録』（一七二九年）というのがある。太宰春台というのは荻生徂徠の弟子です。徂徠の名前は知っていますね。日本史の教科書に載っていますね。将軍吉宗に献策した『政談』（一七二二年）という書物で有名な儒者です。『政談』もそうですが、春台の『経済録』なども明らかに国の統治の理念を論じたものですね。その『経済録』の最初の「経済総論」の中で「およそ天下国家を治むるを経済といふ、世を治め民を済《すく》ふといふ義也」と書いています。佐藤信淵『経済要録』（一八二七年）というのもありますね。この二つの本、それぞれの刊行の間の百年の隔たりは、あとの本の内容を産業や商業を含めたかなり豊富なものにしていますが、それでも基本は同じような政治的な趣旨で書かれているといってよいでしょう。そのような意味での「経済」という言葉は江戸時代には統治の問題として普通に使われていたといってよいのでしょう。ただ経済という言葉は、いまではそういう政治的な意味づけは消えて、先に言ったような物や金の動きや生産と消費に力点がおかれていますね。つまり為政者が直接に行う政策ではなくて客観的に動いている経済の仕組みということでしょうか。ともあれいま述べたような経済という言葉のいくつかの意味は普通の国語辞典を見れば大体みな書いてあります。家に帰ったら辞書を引いて調べてみてください。

こういうややこしさは、やはりいわば別ルートから入ってきた西欧の「経済」（economy）という概念と旧来の日本語の「経済」という言葉が明治維新のあたりで交錯し融合したからなんですね。内容が入り混じって言葉の意味も入れ替わったということでしょうか。でも、これは考えてみるとなかなか面白い。そう思いませんか。

ここでちょっと脇道に入りますが、経済という言葉が漢字であるので中国由来であるということは皆さん直ぐにわかったと思いますが、経済「学」ということになるとまた少し違ってくるのですね。日本にも経済学的な考察はありました。それは日本独自のものです。三浦梅園は『価源』（一七七三年）という難解な著書を書きましたが、それは経済学の中の価値論・貨幣論の領域といってよいものだそうです。私も現代文に直したものを読んだことがありますが、とても難しくて読み続けられませんでした。でもそういう理論的な書物はきわめて例外で、一般に統治論・政治政策論は確かにあるが、経済学の理論的考察は日本にはほとんどなかったといってよいでしょう。国の統治ということだとすると、理論と言っても単なる論点の整理ぐらいで理論的展開ということにはなりませんからね。幕末になると海保青陵とか本田利明など貨幣経済に関心を寄せる人も出てくるけれども、理論家とはいえないですね。

だから経済の理論というのは、事実上、明治になって日本に欧米から輸入された新しい学問になるわけなのです。つまり荻生徂徠や太宰春台などの日本の伝統的な「経済」の学問とは別の系統のものになってしまったのです。それはprinciples of political economyといわれるような学問だし、その訳語ですね。その学問は中国では清朝の末期にすでに「計学」とか「資生学」とか呼ばれて知られていたらしいのですが、日本ではその訳語は使わなかった。福沢諭吉の慶応義塾ではかなりの間、そして創立された東京大学でも帝国大学に改編されるまでの一時期、「理財学」と呼んでいたこともあったらしいけれども、結局「経済学」に落ち着くわけです。

そこには津田真道と西周が参画したと思われる文久二年洋書調所発行の『英和対訳袖珍辞書』（一八六二年）にpolitical economyを「政治経済学」ではなく「経済学」と初めから訳していることが大いに関係あると思うのですね。幕末、西は津田と一緒にオランダに留学するのですが、津田が「経済学」という訳語に非常にこだわっていたという西の証言が残っているらしいからなんです。だからこの辺ではじめて江戸時代の「経済」という言葉が別ルートから入ってきた欧米のエコノミーという概念と合体するのですね。それにはその後、明治維新の直前に出た神田孝平の『経済小学』（一八六七年）が決定的な役割を持ったというような説もありますが、はっきりしません。神田自身はその「序」で「余心を経済の学に留むること久し」と述べています。その本はイギリス人エリスの経済書の翻案といわれていますが、その後「経済」の字を冠した本は明治に入ると次々に刊行されます。political economyを「経済学」とすでに幕末のわが国最初の英和辞典が訳しているということは、多分あまり知られていなくて、それを政治経済学と訳すべきか、社会経済学と訳すべきか、というような議論が戦後のアメリカの反体制運動の時期を経由して日本に入ってきて、最近、大学の講義名との関連で出てくることがあるのですが、それにしても幕末のあの時代になかなか適切な訳語を作ったものだと私は感心するのです。

日本語は文字に漢字を使っているので漢語（中国語）と日本語の対応でいろいろ面白いことがあるのですけれども、欧米語の翻訳という点では、「幾何」とか「淋巴」のように外来語の発音を漢字で模すことから造語された自然科学の語彙は、中国で使われていた訳語をそのまま日本で借用することがわりにあったらしいのですが、社会科学の言葉は圧倒的に日本語の訳語が今日の中国でも普及しているのですね。「経済」とか「経済学」という言葉がまさにそうだというのです。びっくりですね。皆さんがどのくらいご存知かわかりませんが面白いことですね。中国共産党といっても中華人民共和国といっても社会主義市場経済といっても、「中国」や「中華」という単語以外は全部日本語からの借用なのです。社会、政治、行政、方針、思想、哲学、科学、概念、主観、客観、実在、現象、宗教、市場、政党、実権、政府、幹部、共産主義、資本主義、侵略、論戦、弁証法、等々、勝手に拾い出しただけでも数え切れないほどたくさんあります。そういう概念が中国にはなかったのですね。あるいはあっても西欧的な概念にはなじまなかったのですね。だからいち早く西欧近代化を進めた日本は漢文の古典から拾って意味を作り直したり、まったく新しく漢字を組み合わせて造語したりしたのです。素晴らしい創造力ですよ。日本は明治になって西欧の学問を学び一生懸命その意味を考え訳語を作ったということです。そういう言葉を日清戦争後、清から日本に来た留学生たちが学んで清国に持ち帰ったわけなのですね。ご承知のように辛亥革命には孫文たちが日本で結成した革命組織が大きな役割を演じていますよね。世界史で習ったでしょう。日本の役割は間接的だけれどもそういうところにあったのですね。経済学の言葉もそうですね。清国からの留学生たちが日本で学んだそういう言葉が定着して今に至って、現在の中国でもまったく普通に通用している。面白いと思いませんか。実は今でも日本生れの言葉がどんどん中国語に入っているのですよ。刺身、料理、黄金週、職場、完勝、完敗などいくらでもあるそうだし、語尾に「化」、「性」、「式」、「観」、「論」、「法」、「主義」などなどがつく言葉は日本語的中国語だということです。逆に「電脳社会」などというのは中国から日本に入ってきた言葉ですね。

話がさらに飛んでしまいますけれど、もともと対象の存在がないところに概念なんか成立するはずありませんよね。翻訳しようとしても無理です。中国にも日本にもまだない西欧の国々のさまざまな政治や経済の諸制度や諸機能などを自分の国の言葉に置き換えるのですから難しい。いまでもフランスはありふれた英語の言葉を何とかフランス語に置き換えようとして必死になっています。日本でも外来語のカタカナ表記が多すぎるといって時々問題になりますね。日本と中国との関係でも同じですよ。両国は同文異義の国だから文字を統一しようなどという人が時々出てくることがありますね。略字が日本と中国では違う場合が多いからですね。でもこれは本当に馬鹿げていますね。全然別な言語なのに同じ漢字を使っているわけだから、意味にしても略字にしても長い歴史の中で違いがでてきてもおかしくない。でもそれをいま統一しようというんですからね。発想が逆ですね。同じ字を使っているから誤解が生じることは確かにある。でもそれは誤解をしないようにすることが大切なんですよ。字の形を統一してもダメなんです。カタカナ英語も同じ問題を抱えていますが、漢字を使うことだって完全に日本語の意味を捉えているかどうかわからない。逆に日本で作った和漢字はもちろんですが、中国の漢字を組み合わせて作った新しい言葉には案外日本人の精神的な意味づけが入り込んでいるかもしれないのですよ。厳密にいえば背後の文化が違いますからね。日本の大和言葉を漢字で表現すると大分感じが違ってきますよね。同じではないですね。

考えて御覧なさい。日本の和歌は昔はみな大和言葉ですよ。紫式部は若い娘時代にこんな和歌を詠んでいる。私の好きな和歌です。「かずならぬこころにみをばまかせねどみにしたがふはこころなりけり」。聞いたことありますか。〈自分ではしっかりとした考えをもって生きてゆこうとするんだけども気持ちがくじけてつい安易に流れてしまう〉と皆さんと同じ年頃の紫式部は反省しているのですね。千年も前の人なのに人の気持ちは少しも変わっていないと思いませんか。大和言葉だからあまり考えなくとも直ぐ意味がわかる。あるいは吉田松陰は「こがおもふこころにまさるおやごころけふのしらせをなんときくらん」という辞世の和歌を残しています。松陰の出身地の山口県の子供ならみんな知っている和歌ですね。〈自分が今日処刑されたことを聞いてどんなに母は悲しむだろうか〉と母思いの吉田松陰は案じているのですね。君たちだってこの気持ちはよくわかるでしょう。子供が親を思う気持ちよりもずっとずっと親は子供のことを心配しているのですよ。本当ですよ。子殺しというのもあるけれどきわめて例外です。とにかくこの和歌には時代に翻弄された松蔭の胸に通う親子の情というものを感じずにはいられませんね。もちろん部分的にかなを漢字に変えても直ぐわかる。訓読みなら大和言葉の可能性が強いですからね。でも音読みになるとちょっと意識が介在する。さらに漢字を使った漢詩だったら日本人が作ってもそんなに直接的な感動はないかもしれない。端的にいえば大和言葉に翻訳しなければならないという過程が入るからですね。でも長い文化的交流の中で漢字はもうほとんど日本語になっているわけだから、英語の詩を翻訳で味わうのとはまったく違うでしょうね。そこはやっぱり文化の交流が長いし深いのですね。それでも違いは起こりうる。文化が違う民族が同じ漢字を使ったからといってまったく同じ意味をそこに感じるかどうかわからないですよね。

同じようなことが例えば英語にもあるらしくて、英語はもともとゲルマン語系の言葉ですが、ノルマン・コンクェスト以来フランス語系の語彙が一杯入ってきて現代英語には両者が混在―というか共存しています。workとlabourのようにですね。でもビートルズの歌にはゲルマン語系の単語が多く使われているという話を聞いたことがあります。そっちの方がイギリスの大衆の心にそのまま響きやすいのかもしれない。われわれにとっての大和言葉がそうであるように、直接琴線に触れるのはそういう昔からの身と心に沁みついた言葉なのかもしれないと思いますね。日本の歌謡曲だって、芝居のせりふだってほとんど大和言葉ですよ。そうでないと泣けません。安っぽく聞こえるかもしれませんが、ああいう分かりやすい言葉が泣かせたり感動させたりするんですね。ビートルズだってもともとリヴァプールの労働者の階層の出身ですからね。長く難しいフランス語系の単語はもともと上流階級で使われていたというのですね。だから彼らはそういう面倒な表現は使わない。その方が気持ちに直接響くのでしょうね。本当の話かどうかわかりません。でも同じように言葉の二重性が日本語にあるのも確かでしょう。漢語と大和言葉だけではなく、表意文字としての漢字と仮名の問題もありますから、二重、三重に面倒ですね。しかも現代の和歌や俳句であれば大和言葉とは限りません。数字やローマ字だって使いますよ。〈『この味がいいね』と君が言ったから七月六日はサラダ記念日〉という俵万智さんの歌がありましたね。本当に現代的な女性の感性を感じさせる素晴らしい和歌ですよね。私はあの歌集が大好きですよ。

あなた方とそれほど年の違わない若い女性のほんとに初々しい恋愛感情が出ていて素晴らしい。現代語を使い平明できわめて率直ながら古典の規則どおりで破調が少ない。でも、この和歌の情感の秘密というのは漢字的表現でないところにありそうだ、なんて気がしますね。こういうことってなんとなく面白いという感じはありませんか。しかも日本語というのはそういう表意文字としての漢字と表音文字としての仮名から成っているわけですからね、外国語には普通そんなのはありませんから、日本語は難しいですよね。でも考えると私などは面白そうだな、もっと言語のことも知りたいな、研究してみたいな、和歌を作るのも面白そうだな、ほかの国ではどうなんだろうな、という気持ちになります。興味がどんどん広がってきますね。そういう面白さを感じること—これが大学で学問するときのきっかけとしていちばん大事なことで、つまり英語でよく使う言葉で「インセンティヴ」(刺激)になるんです。

言葉について考えることが面白ければ文学部で言語をしっかり勉強すればいいのだし、日本の古典文学だってそこで勉強できる。フランス文学だってロシア文学だって勉強できる。そういうものに興味を持った場合はですね、何も経済学部にいらっしゃいと私は申しません。面白いと思ったことをとことんやってみる、それが大学で勉強するということではないですか。知的好奇心を育てるということじゃないですか。それは人間の、自分の、生きてゆく道を探るということなんですよ。人間の生きてきた跡を追いかけるということなんですよ。日本の経済がこれからどうなっていくんだろうと考えるのも同じことです。将来それが役に立つかどうかを考える前に、経済の理論をもっとよく勉強してみようというのでもいいわけです。経済の歴史を勉強してみようでもいいんです。でも大学で勉強したことをそのまま続けなさいということを言っているんじゃありませんよ。研究者になりなさいとは言ってませんよ。何かをやるということに意味を見つけることができれば他のことにだって意味を見つけることができるはずだからです。そういうことを身に着けようという意欲を持って大学に入ってくる学生たちを私たち大学は求めているということなんです。

自分の能力を試してみるといったらいいかもしれない。就職とあまり関係させないで考えたほうがいい。とりあえず皆さんは就職のことは考えないで大学に来て欲しいですね。ある程度の目標を持つことはいいけれども、途中で変えたっていいわけだし、大学時代はいったん考えを決めても何度もやり直しできるのだから、もう少し余裕を持った好きな勉強を何か探して欲しいと思います。自分の好きなことをしっかり勉強した人はぜんぜん関係ないところへ就職してもきちんと仕事も出来るもんですよ。ものの見方がしっかりできるということなんです。これは自分の学生を何百人も就職させてきた私の経験から言ってもそうなんです。間違いない。大学まで来て集中できる勉強の分野がないなんて寂しいじゃないですか。何しに大学に入るんですか。大学でなんとなくぶらぶら過ごした人なんて会社だって採用したくありませんよ。こんなことばかりしゃべっていると、本来の話になかなかなりませんね。（笑い）

話が脇道に入りすぎたかもしれません。元に戻りましょう。

二　「経済」とは何か、それは市場経済のこと

「経済」という言葉を今まで見てきたわけですけれど、その由来に一つは江戸時代からの経国済民に由来を持つものと、明治維新以後、日本に入り込んできた欧米のpolitical economyの訳語としての経済（経済学）に由来するものとの二つあるということがわかったと思います。そして現在私たちが「経済」とか「経済学」というときは、言葉としては前者の流れなのだけれど、内容的にはすべて後者の流れの中で使用しているということも多分想像できたのではないでしょうか。その程度のことなら経済学部でなくともいわゆる大学の教養科目として経済学の講義の中で普通は触れられるはずです。でも前者、つまり日本思想史の中で、経国済民といった主張がどんなものであったか、というようなことが詳しく紹介されるようなことは、日本の大学の経済学部の経済学史の講義でもまったくないといっても間違いないでしょう。日本経済思想史というような特殊な講義でもない限りその通りです。実際、そのような講義のできる先生も日本にごく僅かしかおられないと思います。

ともかく日本で使われるその「経済」という言葉も、今日では、外国での使い方と同じようにもっぱら市場経済あるいは資本主義経済の意味で使うのが普通です。もちろん人間の生活を維持するために物を作ったりそれを消費したりする労働の一般的な過程を「経済」活動と呼ぶことはできますが、それは経験的・常識的にわかることで経済学というような特別の学問を必要としま

せんでした。それが市場を通して行われる部分が大きくなった時から経済学という学問が必要になってきたのです。だから当然、経済学の対象もそういうものと考えられています。江戸時代の経国済民に由来する「経済」、つまり権力者による政治的な施策という意味ではなくなっているんです。

ところがもう一つ面白いことに、英語で経済のことをeconomyといい、江戸時代から使っていた日本語の「経済」とは我々もその由来を区別したわけですが、そのeconomyというのは実はラテン語、あるいはもっとさかのぼってギリシャ語に由来するものなので、英語の辞書にもその語源の説明として*Gk.*) oikonomia, *L.*) œconomiaという風に載っているのが普通です。ところがその意味はoîkos+nómosということで、oîkosは家をnómosは管理を意味する。つまり家政術を意味するということになるわけです。家の中の管理を考えるということでしょう。節約という意味も入っていますね。ところが、それにpoliticalがつくとpolitical economyになって、politicalはもともとギリシャ語のpolis（国家）から来ているわけだから、国家の統治ということになって、日本語の「経済」という言葉にいくらか近くなってくる。少し分かりにくかったかな。ここでは話が逆になっているんです。ポリティカル・エコノミーという言葉の方がさかのぼっていえば、統治という意味だったということなんです。でもこれはなかなか面白い偶然ですね。つまりは元々同じことだったんだということでしょうか。

なお、ここであと一つだけ加えさせてもらいます。というのは現在、英語では経済学のことを

Political Economyでなく、Economicsと呼んでいるからです。十九世紀末のイギリスの経済学者アルフレッド・マーシャルが一八七九年に刊行したThe Economics of Industry（『産業経済学』）という本で使い始めた言葉です。イギリスのケンブリッジ大学の経済学部教授の権威がこの言葉を普及させました。マーシャルはPolitical Economyより広い含意を求めたようですが、今はごく普通に用いられています。いずれにしても今迄お話ししたことに変わりはありません。

アダム・スミスという昔の経済学の親玉みたいな人がいます。名前は聞いたことがありますよね。十八世紀の中期のスコットランド人です。もっともスコットランドは一七〇七年にイングランドと合邦してユナイテッド・キングダムになりますから当然イギリス人でもありますね。そのアダム・スミスは「ポリティカル・エコノミーは国家と主権者をともに富ませることを目指している」（『国富論』）といっています。同じころのイギリスやヨーロッパの経済学者は言葉はともかくみな同じようなことを言っています。欧米でも日本でも経済学はもともとそういう目的を持って始まっているともいえるんですね。日本の「経済」つまり「経国済民」と同じ意味です。その頃は国や王様を富ませるために特定の商人などに外国貿易などの特権を与えて大いに儲けさせて、その儲けの上前を召上げるというやり方をしていたのです。政治的な力が商人の商業活動と強くかかわりあっていたのですね。詳しい説明は省きますが「重商主義」といわれているやり方です。

でも同時にアダム・スミスは違うこともいうのですね。それが今日の経済学の出発点を与えた人として「経済学の父」と呼ばれる理由にもなっているのです。どういうことを言っているかというと、彼は国民を富ますためには、「重商主義」ではだめで、経済を経済法則の動くままに自由にして邪魔しないことが結果においていちばんいいんだということを説いているんです。つまり「重商主義」によって国の富を増やすのではなくて、資本の動きを自由にすることによって富を増やす方がずっといいというのです。そしてそういう経済の機構やその動きを『国富論』（一七七六年）という本にまとめたのです。それはそれまでかならずしもはっきりしなかった市場経済というものの範囲を資本主義国家という形に定めて、その中での経済の動きを法則的に明らかにするということで、実に画期的なことなんですね。その頃、経済活動の中での市場経済の範囲が急速に大きくなったという歴史的事実に裏付けられていたことは確かでしょう。もちろんそれまでそういう試みはなかったわけではないのですが、アダム・スミスはそういう人たちの研究の成果を総合して『国富論』という一つの体系にまとめ上げたということができるのです。

　厳密に言うといろいろ難しいのですが、スミスの言っていることをごく簡単にまとめてしまうと、要するに、それまでの国家が政策としてとっていたさまざまな制約や規制をはずして資本の運動の自由にゆだねるということにつきます。それは「重商主義」ではない。それを否定する「自由主義」です。もちろん同じころの日本で言われていたような「経国済民」とは違う。上から権力者が権力を行使して民の安寧を図るということじゃない。各個人が自分の利益を求めて行動していくと、社会全体としていい結果がもたらされる。つまり国の富が増して国民の福祉が全体として向上するという理屈なんです。それはまったく客観的な対象をとらえた経済学になっているんですね。分かりますか。つまりある意味では自然科学みたいに、研究の対象が人間の外側の現象になる。つまり人間が直接行う政策や行動が研究の対象になるのではなくて、人間自身が動いてその世界の形成に参加はしているんだけれども、全体としては個々の人間の手の届かない世界に変ってしまって、その客観的な対象の運動なり機構なりが自然科学みたいに研究の対象になってくる、ということです。

かえって難しくなりましたね（笑い）。つまりそこでは人間が経済を管理するのでなくて、経済の動きの方が客観的な存在になって法則的に人間を管理している、ということなんです。逆転してしまうのですね。人間がいろいろ動いて経済活動をしているのだけれど、それがまとまると各人の意図とは違って、資本全体の動きの方に逆に人間が動かされ支配されてしまうということなんですね。だから商品経済のその客観的な動きを観察して、その動きを法則としてとらえるのができるし、それが経済学だということになってくる。自然科学とは全く性格の違うものなんだけれども、これによって経済学が初めて科学になる根拠ができるわけです。これを理解することはとっても大切なことだと思います。

スミスの少し前にあの万有引力を発見したニュートンがイギリスに現れていますが、ニュートンの古典力学の完成に近いことを、スミスは自らは自覚することなしに経済学で果たしたといってもあながち言い過ぎにはならないと思うのです。もちろん経済学はスミスの時代にとどまっているわけではありません。時代の変遷にともなっていつも脱皮を続け発展しているように見えます。実際、経済学にとってはその学説の歴史というものがとても大事であって、今でも古い学説に立ち返って問題を考え直すという機会がすごく多いんです。その点は自然科学とは違う。それは経済学の場合は時代を経てどんどん進化しているように見えても、その対象の外側をはぎ取ってみれば基本的には同じ資本主義的商品経済なんです、つまり生産力の発展によってその摑まえている資本主義の生産構造は変わっているとしても、所詮、市場経済なんです。

経済学説というのはおおざっぱにいえば、それを主張する人の対象についての解釈であり、その見方であり、そこからもたらされる方策についての違いを示しているもんなんです。だから経済学には自然科学のように定説というものがないんです。ないというといいすぎかもしれない。ある程度の了解というのはあるけれども学派の内部だけとか、あるグループの中だけにしか通用しないというものが多い。ノーベル経済学賞というのがあるのは知っているでしょうけれども、あれはノーベルが作ったものではありません。第二次大戦後、スウェーデンの銀行が資金を提供して創設されたものなんです。だから権威がないとは言いませんが、ほかのノーベル賞のように、といっても文学賞や平和賞も少しどうかと思うところはありますが、ともかく他の自然科学に与えられる賞と違ってその与えられる業績には客観性が乏しい。極端に言えば全然理論的に対立する考えでも賞がもらえるんです。

有名なのはハイエクとミュルダールが同時に受賞した時です。一九七四年だったですかね。ハイエクは自由主義的な経済学者の代表です。それに対してミュルダールの方はケインズのように政府の経済に対する規制的な役割を重視する経済学者だったからです。ですから経済学の研究業績というのは、自然科学の場合とちがって、真理の発見というには程遠い。グランド・セオリーの構築というより、ある解釈を作り上げたり、それに改良や補足を加えたりというところでしょうか。ノーベル経済学賞も有名な経済学者に順々にあたえているという印象があります。とくにアメリカの経済学者が多いですね。それは科学として未熟というより、学問の対象の性格の違いだろうと思うんです。

だから経済学説というのはいろいろ出てくるけれども、市場経済の本質は変わらない。社会の発展によって資本主義の支配する市場経済の領域はどんどん広がっています。それは分かりますよね。中国も社会主義市場経済と自分たちは言っているけれども、共産党に支配される国家の力は強いが、他方で巨大な資本主義の国と言っても一向に構わない。「グローバリゼイション」という言葉がそういう拡大する世界経済を表していることもわかりますね。でも経済学が資本主義経済の本質をとらえようとしている限りでは対象は昔も今も同じなんです。しかし先進資本主義国でも市場経済がそれだけで純粋に存在することはありません。それは昔も今もさまざまな非商品経済的な要因と重なって現実の資本主義社会を形成しています。現実の資本主義の姿はどんどん変わっていくために、経済学説の歴史的な考察が不可欠であるし、絶えずさかのぼって問題を考える必要も出てくるのです。それがまさに経済学の原理をとらえる学説史の試みになってくるわけであるし、これは経済学という学問の性格をとらえていくためにはとても大切なものです。

少し抽象的で難しい説明になってしまったかもしれないので、もう少し具体的にお話ししていきましょう。

三　資本主義的市場経済と経済学

さて経済学が観察する対象、つまりもうそれが資本主義的な市場経済だということは分かったと思うんですが、その対象というのは、私たちの日々の行動、つまり各個人が様々な商品を買ったり売ったり、あるいは資本家や商人がものを作ったり売ったりする、あるいはその場合なるべく安く買ってきて、なるべく高く売って儲けを得ようとする、そういう売買の行動の集合された結果として動いている社会であり、それが経済学の対象だということです。そのような運動の結果として得られる対象というものは、さっきアダム・スミスについてお話しした時にも言ったのですが、自分たちが作った社会なのに、あたかも自然現象のように私たちの外側の存在になって対立して向かい合っており、私たちの自由にならない対象になっているんです。自分では高い値段をつけて売ろうとしても、競争で皆が売ろうとすれば当然値段が下がって安くしか売れないということが起こります。逆の場合だってありますね。つまり自分たちの意思と違った結果が市場で起こるんです。アダム・スミスはそれをいわゆる「見えざる神の手」の働きと考えたかもしれませんが、要するに市場があたかも神様のように経済を動かしているということです。この点が経済学を考えるとき一番重要なことだと私は思います。

自然科学というものは例えば自然現象のように人間と無関係に外側に客観的に存在し運動する対象物の法則性を明らかにするものですね。でも経済学が違うのは、自然科学は完全に人間と無関係に客観的に存在する自然を対象としているのに、経済学の場合には、その対象が人間の行動によって人間の外側に客観的に作られた経済社会だということなんですね。例えば、いま言ったように、皆が自分の商品を高く売ろうとしても安く売るやつが出てくれば競争で値段がどんどん変化して、結局、誰でも同じような値段になってしまう、というようにです。思わぬ決定を市場がする。そしてその価格が生産者を規制し消費者を規制する。自然現象と違って人間の行動によってつくられるものなんだけれども、自然現象と同じように人間の意思から離れて勝手に運動している。この点は決定的に重要な違いなんです。

人間の日々の行動によってつくられている商品経済の独自で客観的な運動が、今度は逆に外側から人間を法則的に支配してしまうということなんです。例えば市場で決まる価格が売ったり買ったりする人々の意思に反する結果をもたらすということですね。そうすると価格とは一体何か、価格はどう決まるんだろう、という問題意識が生まれてくるんです。市場という、人々の活動の外側で動いているところで法則性を解明しようということが、社会科学としての経済学という学問が成立する根拠になっているんです。

自然科学とは違うけれども、社会科学として明らかに科学的解明ができるだろうということなんですね。スミスは多分初めてそれを意識した。本能的にでしょうが、そう思った。そしてそれは「見えない手」つまり、いわゆる「見えざる神の導きによって」、そのような各人の行動を越えた一つの均衡が「自然に」形成されると考えたのです。これが有名なスミスの「神の見えざる手の導き」という言葉です。原文には神という言葉はありません。led by an invisible handとあるだけです。invisible handが「神の手」をあらわしているんですね。カンティヨンとかステュアートとかスミスよりも前の経済学者も同じような均衡は結果的には言うのですが、見えない神の手の力で客観的にそれが形成されるとまではいっていない。そこにスミスが有名になっている理由があるんですね。

ところで皆さんは人間の疎外という言葉はご存知でしょうか。「疎外」という言葉は難しい言葉です。ドイツ語のEntfremdungの訳語です。元の動詞は、誰かを何かから隔離させる、とか、背かせる、というような意味です。英語ではalienationと訳されています。日本語としては分かりにくい言葉ですね。例えば皆さんが学校で授業を受けている自分と家でくつろいで過ごしている自分とを比較して考えた場合、学校では先生に言われるように学校の秩序や規律に従っているとします。しかし学校というある意味では非日常的な状況におかれた自分が本当の自分でないと感じた時、それは大げさに言えば、そういう非日常的に制約された自分が疎外された状況にあるというように理解する—そんな意味合いでしょうか。分かりますかね。会社に入ったりすれば、それは実感されるでしょうし、仮に軍隊にはいったりすれば、いやでも実感できるでしょう。そして規律によって組織に縛られているのが嫌だなあと感じて、そのような疎外された状況から解放されたいと考えるとき、疎外からの人間の解放という問題が出てくるわけです。それは本来哲学的な問題でありますが、現状の変革という実践的な問題に通じることにもなります。

ただここで私が問題にしているのは、われわれ人間はその商品経済社会では対象から疎外された存在、外にはみ出された存在になっている、ということの理解です。しかもその商品経済社会がわれわれ人間に対して時として恐慌を起こしたり不況になったりして敵対的な存在になるということです。この社会は人間の言うことを聞かない。政治の力や政策ではなかなか動いてくれない。商品経済社会というのはそういう不思議な特徴を持っているのです。つまり私たち人間が作り上げている社会なのに、その社会があたかも自然対象のように人間の意志から独立して勝手に動いて逆に人間を支配している。価格や利潤や利子率の動き、あるいは株式市場の動きなどを見ればわかりますよね。そこでは人間と人間の関係がモノとモノ、商品と商品との関係に置き換えられてしまっていて、そのモノの論理が社会を動かしている。人間はそれに引きずられている。バブル（投機による活況）やパニック（恐慌）に人々は始終突き動かされている。経済を人間が思うままに動かすなんてことは、この商品経済社会では本来的にできないんです。

だからこそ逆に商品や貨幣や資本の形態、機能やその役割を扱う経済学が物理学や生物学と同じように科学と呼ばれる学問として成立することができるんです。そこがとっても面白い。自然科学と同じように対象が客観的に存在しているからそれを解明する学問として科学性を主張できるんですね。政治学や歴史ではそれはできない。経済学だけなんですね。実際、社会を対象にして、その対象の運動が持つ法則性を客観的に明らかにできるのは資本主義経済を対象にする経済学だけだし、それを明らかにするのが経済学の任務です。社会科学と呼ばれるのは経済学がそういう厳密な対象を持っているからなんです。

でも、そういうことが一般に理解されていない、一部の経済学者にもなかなか理解されないんですね。経済学者も何か自然科学と同じように人為的に考察する対象を操作できると考えてしまう。事実、経済学を第二の「自然科学」と呼んでいる人もいるようです。自然科学の場合は確かにそれが出来ます。法則が発見されればそれを実験によって再現可能かどうか確かめることが出来るからです。そうしてその法則を使って人間の望む方向に対象を変化させることができます。気象現象のように直接対象を動かせなくとも、その変化の予想は出来ます。予報が外れた場合は情報が少なかったからですね。コンピュータの発達によって予報の精度は確実に上がってきます。経済学の場合もそれと同じように法則性が明らかになると、それを利用できると考えてしまうのですね。計量経済学というのが一時はやりましたが、今はだれもやっていません。資料ばかり集めて整理してみても役に立たないからです。コンピュータの劇的な発展があったにもかかわらずです。

だから情報量がいくらあってもダメなんです。過去のデータに基づいて計算された「法則」なるものが、かえって邪魔になるんですね。経済学は相手が商品経済ですから人間の欲望が動くことで相手も動いてしまう。社会現象ですから実験で再現することもなかなか出来ない。実験しようとするとそれに影響されて対象自体が変わってしまう。そうなるときわめて限定された条件のところで検証するということになる。その成果はほとんど研究者の業績として残るだけで、すぐ忘れられてしまいます。今日の経済学では「経済法則」といっても、多くの場合、全面的にでなくて狭い範囲での経済関係の動きなどに注目する。そしてその相関を過去のデータで調べる。ある程度の相関があれば「法則性」があるということになりますが、しかしその経済関係が一種の関数関係に置き換えられるように見えたとしても、次の瞬間にはその動きでまた別の人間の経済的な反応があり反作用がありますから、その「法則」を利用しようとしても、利益を求める動きが過去のデータによる予想通りには動くとは限らない。法則自体の意味も今や矮小化されているんです。

数学を使う場合、どうしても与件を立てなければならない。そしてその限りでは式は成立する。しかしそのあとの変化を考えると与件どおりにはことは運ばない。でもエコノミストとしての予想はそこまででもいいんですね。次の週には違った予想を立てればいい。予想記事を書くことが仕事ですから当たらなくてもいちいち気にしていられない。実際、うまく立ち回ってたくさん儲けたいという人間の期待や願望が経済行動の原理ですが、そこにはさまざまな駆け引きもありますし、とても一筋縄では行かない人間の複雑な心理が絡んでいます。経済要因だけの動きのように見えても実は人間がその動きを見ながら次の行動をとっていて、それが予想外の新しい合成された経済の客観的な動きになる。だからエコノミストの予想はそこまでいくとなかなか当たらない。それは分析すべき経済の要因が多すぎるからではありません。経済の動きが無政府的だというのでもありません。それは経済の法則に収斂していくのですが、その経済では人知による与件の設定や経済行動の選択に一貫した合理性があるわけではないからです。だから経済の予想が当たるのは制度的な変更など、商品経済的でない市場の外側からの要因の場合が主なんです。

それはまた、くどいようですが、資本主義は人間が管理しているというより、むしろ資本の論理によって人間が支配されているということだからなのですね。いままで何度も言ってきたことだから分かりますよね。商品経済の論理がそういう形で人間を支配しているのでしたね。資本主義はそういう疎外構造を持っているんです。そこに市場経済の特徴があるのですね。スミス以来なんとなく分かっていたのですが、この点をよりはっきりとしかも包括的な形で説明しているのはマルクス経済学です。

四　マルクスの経済学

十九世紀の初めのころドイツに生まれたマルクスは、ヘーゲルの哲学に親しみその観念論をフォイエルバッハのヘーゲル批判を通じて反転させ、自己の唯物論的な哲学的立場を獲得しました。この辺のことは難しいので説明はここでは省きますが、こういう研究を通してマルクスは、さらに哲学だけでは世の中に現実に起きている社会問題を説明できないと感じて経済学の勉強に転じるんです。ドイツやフランスで経済学の勉強を始めたのですが、経済学は資本主義の本場であったイギリスが一番進んでいました。マルクスは当時の左翼の理論家として活動していたため、一八四八年の革命騒ぎでドイツから追放され、逃げ込んだフランスからも追放されて、最後にイギリスのロンドンに亡命するんです。運動から手を引いたマルクスは当時大英博物館に付置されていた大図書館でスミスやリカードなどのいわゆる古典経済学を徹底的に学びました。もちろんそれだけでなく関連する文献は本当に徹底的に渉猟して丹念に読んでノートを作る。そのノートが『資本論』の厖大な原稿になるんです。全部独学です。ものすごい勉強ぶりで知った人は皆驚きます。マルクスの文献の通暁ぶりに匹敵するのは第二次大戦期、オーストリアからアメリカに渡った偉大な二十世紀の経済学者で大著『経済分析の歴史』を遺したシュンペーターぐらいでしょうか。ケインズと並び称される二十世紀の経済学の巨人です。彼が僅かに匹敵できるぐらいでしょう。ただ読んだ年齢や時期によって違うのかもしれませんが、彼は文献には詳しいですが、マルクスのようにそれを自分の学問にかならずしも生かしてはいない。マルクスはそれらを吸収して自らの体系の中に組み込んでいるのですね。

いまでもマルクスがいつもそこに座って勉強していたという座席が古いドームのある図書館にまだ残っているはずですが、それはともかく、そのイギリスの経済学を徹底的に学ぶことを通してマルクスは初めて彼独自の経済学体系を組み立てるんです。しかもそれだけではなく、のちにはさらにイギリスの経済の実態を、とりわけその信用機構というか、金融機構というか、当時、急速に発展しつつあった国際貿易と金融の連関とそれが景気に及ぼす影響を、新聞、雑誌、政府報告書などを通じて丹念に分析し、それらをまとめて最終的に全三部に包括的に体系化したものが有名な『資本論』全三巻（一八六七年、一八八五年、一八九四年）になるんです。これは完全に抽象化された純粋の資本主義社会における市場機構をその動態に即して詳細に論じた経済学の書物です。単なる市場機構を解明したにとどまるものではありません。

マルクスは社会主義者でしたからそういう資本主義の特徴のもたらす弊害をいかにして解決していくかという問題意識もそこに潜ませていたのですが、あくまでも経済学的な解明がその基本的な内容で、よく誤解されていますが、『資本論』は決して革命を説いたものではありません。なおここではその内容を詳しく説明はしませんが、マルクスの生前の一八六七年に刊行されたのは第一巻だけで、第二、第三巻はマルクスの親友エンゲルスがマルクスの死後その遺稿を整理編集して刊行したものだ、ということだけ付け加えておきます。

いま言ったようにマルクスは経済学者であると同時に社会主義者でもあったので、その経済学も経済学として論じられることが少なくて、革命を説いたものとしていまでも多くの人に誤解され毛嫌いされているのですが、読めばすぐわかるように、と言っても読むのはとても大変なんですけれど、実際は『資本論』は資本主義そのものの経済法則を詳しく解明した経済の理論書で、文章のところどころに革命家としての熱情のほとばしりが見られますが、内容的には社会主義の主張をしているものではありません。しかもその経済学はその後の長い年月を経て、そのイデオロギー性は希薄になり、日本を含む世界の国々で理論的な展開をとげ、非常に精緻な内容のものとして理解されるようになっています。私はその経済学の核心が、先ほどからお話ししているように、人間から疎外された商品経済関係が一つの運動体として人間に対立して人間に法則的に作用し、人間がまたそれに反作用することを通して経済関係に資本蓄積を通ずる新たな展開を果たす中で、資本主義商品経済が最終的に景気循環を繰り返さざるを得ない矛盾ある構造をもつということを明確にした点だと考えているわけです。

その上でマルクスは資本主義の商品経済のさまざまな概念の解明とその動態の分析を通してその経済の運動法則を体系的に全面的に明らかにしているのです。そこにはマルクスの歴史観というものが実に有効に作用しています。それは資本主義が絶対的なものではなくて歴史的存在だということです。つまり人間に普遍的な社会的生産というものを商品経済という外側から包み込んで規制している特殊な歴史的形態規定から成る一つの機構として説明したものです。理解するのが少し難しいかもしれませんが、商品とか貨幣とか資本といったものが売買を通じて生産を中に包摂しながら運動し、相互にからみあって資本主義社会という一つの社会的な物質代謝のシステムを客観的に作っているということです。資本主義の経済学は人類にとって普遍的な物質代謝を具体的に商品経済の形でどのように処理しているかを明らかにしたものです。

物質代謝の中身は前にもちょっと言いましたが、人間が生きるために物を作りそれを配分して消費するという人間の経済生活という歴史を越えた人間に普遍的な行為にほかなりません。それを基本的に資本主義は労働力も商品として利用するということを通して独自な形で処理している、あるいは処理することができるということを証明しているわけです。資本主義社会が一つの歴史的社会として成立することを証明したといってもいいでしょう。だから経済学という形で一元的に把握できるのであり、そこで明らかになる経済法則は人間の活動の成果でありながら個々の人間の活動の外側に客観的に形成され、逆に人間を外部から包み込む形で動かしている法則になっているわけです。ですからそれを認識したところで運動の中にいる個々の人間が利用することはできないし、その運動を人間が直接止めることもできないというわけです。ややこしいですね。

分かりにくかったですか。でもそういうものとしてまず経済法則をとらえなければなりません。その点を明確に明らかにしたというだけでもマルクスは偉大です。マルクスはヨーロッパやアメリカでは偉大な思想家として今でも広く読まれ研究されているのに日本ではいまほとんど関心を失っているように見えるのは本当に残念なことです。実際あれほどの影響力を後世に残した十九世紀の思想家は世界にほかにいませんからね。マルクスの経済学の個々の説明はともかく、彼が明らかにした資本主義経済のその特殊な性質――疎外的な構造については経済学者でもよく分かっていない人がいるくらいですから、皆さんにはよく理解しておいていただきたいのです。

五　資本主義経済の歴史的性格

さて、いままで資本主義の経済についてお話ししてきたわけですけれど、考えてみると人間はいつもそういう資本主義社会の下で生活をしてきたわけではありません。太古から人間は各地を移動しつつ道具で物を作り食料を採取し家畜を飼い、共同して生活してきたわけです。そこでは年寄りや子供もいて、みんなが働けるとは限りませんでした。そういう中で人々は男も女も物を分け合い譲り合って子供や老人を養い、それぞれの欲求を満たしていたと思います。過去の社会を振り返ってみればそういう共同体での生活が大部分だったわけです。もちろん一万年ぐらい前になると一定の所に定住して土地を耕作して生活するようになります。生産性が飛躍的に高まるにつれて生産物の剰余も大きくなり、その支配をめぐって階級社会が成立してくる。

それでも四、五千年前からのことです。資本主義社会などというものができたのはそのずっとあと、たかだか三、四百年前のことに過ぎません。百万年以上前の人類の誕生までさかのぼらなくとも、農耕の始まった一万年ほど前から見ても、それは本当に僅かの期間でしかありません。だから当然資本主義以前の長い人類の経済の営みがあるはずです。基本的にはそれは共同体の社会です。そこには血縁共同体から地域共同体に至るさまざまな形態があったことは考古学や人類学や住居跡などの遺跡がそれを明らかにしているでしょう。歴史時代になれば律令制、封建制、独裁制、民族国家、帝国など、ある程度の組織と機能を持つ権力者とその集団が統治していたことも明らかになっています。でも基本的にそれは権力的、政治的な力による支配の構造であって、法治をもってしても所詮それは人治に繋がってきます。つまり人間の共同体的な生活の基礎がそこにはあるということです。

ところが資本主義社会はそこのところがまったく違う。人間の紐帯（つながり）とは切れた個人的な関係の中で商品関係が成立しているんです。先ほどから何度もしゃべっている疎外構造です。人が割り込み中に入り込んで動かすことの難しい社会なのです。そういう利益を動機とする商品の交換関係から成り立っている市場経済の社会であるというところから来るのですけれども、その市場経済は資本の形をとらない限り直接には人間の支配には応じないで勝手に動く経済なんだ、というとわかりやすいかもしれません。値段も市場が決めるし、金利も市場が決める。経済が人間の意志とは関係なくあたかも自然現象のように勝手に動いてしまう。気が付かないうちに勝手にバブルになってしまったり、誰も望まないのに不景気になったりする。かならずしも政治のせいだというわけではないんですね。政治や制度がそれの後押しをすることはあるけれども、所詮は資本主義経済のなせるわざなのですね。市場の客観的な動きなんですね。

うまく動いているうちはいいが、人手が足りなくなる、天候不順で農業が不作になる、原料が枯渇して供給できなくなる、天災でモノが作れなくなったり運べなくなったりする、国交が残絶する、国民が暴動を起こす、など色々ありますけれども、市場が機能を失い統制がとれなくなるほどに資本の動きが激しくなったり、商品の供給などに異変が起こると、市場がうまく調整できなくなることがあるんですね。昔だったらすぐパニックになる。あるいは不況になったりする。でもいまは情報の伝達が速くなり、生産の動き、物流もスムーズになり、世界的にもかなり調整能力も高まっているし、ファイナンスの方法、つまりお金の調達の仕組みが、とても発達してきたのでその混乱もある程度は市場が管理できる余地が生じている。でも市場経済である限り、市場はどこまでも寛容であるわけではありません。だからバブルになったり不況になったりするのは人の力では避けられない。破たんは容赦なくやってくるわけです。

こういう経済現象というものは、ちょうど自然現象と同じように人は昔から注目し関心を持ち研究したくなってくるのですね。面白いとは思いませんか。でも当然ですね。そしてその法則性がずいぶん分かってくる。だから経済学という学問が出来てくるのですね。しかしいまでもまだその法則性の持つ特殊な性格がよく分かっていない人がいる、物理学や何か自然科学と同じだと思っている人が多い、というのも面白いですね。そういう人たちにとっては、経済学は自然科学ではないのに物理学がその追従すべき理想の学問になっているんですね。最近の経済学が数学を多用しているところが何かそういう印象を与えるのでしょうか。でも一番大事な認識が欠けていたんじゃしょうがない。

ともかく商品経済というのはそういう特徴をもっている。自給自足的なところから出発した人間の経済生活にとって、そういう商品経済の領域も初めは小規模のものでした。基本的には共同体、例えば封建経済ですが、そこでは商品経済はその外側に存在して共同体と共同体との間で経済的なやり取りをしていたにすぎない。商品経済は部分的で、全体的な動きとはなっていない。でもそういう中での商品経済の動きが拡大してくると生活にも影響してくるようになる。日本だって江戸時代がまさにそうですね。大阪のコメ取引に見るように信用取引を含めて市場経済がずいぶん発達しています。十六、七世紀ごろのイギリスをみると封建社会は崩壊して商品経済の割合が大きくなり、封建地主であることをやめてしまって近代的な地主に変わった地主が土地の所有を広げ、小農民が次第に土地を追われて無産民となって、つまり他人に雇用される以外に生活を維持できない農業労働者に転じ、富裕な農民は多くの労働者を雇って生産を行う農業資本家となってくるような展開が次第に見られるようになってきます。

農村の小規模な工業も次第に資本家的経営に転じるようになり、さらに産業革命を通して都市の工場制の機械制大工業の成立が見られるようになり、十八世紀も後半から十九世紀に入って経済の動きが全体的にそのような資本の動きに規制されるようになると、もうイギリスは資本主義的商品経済の国ですね。共同体が基本でそれに付随していた商品経済が今度は逆に経済の体制を基本的に支配できるようになって、経済法則が支配的になって、古い小工業や小農などをそれに従える経済構造に変わってくる。イギリスでは農業から始まって工業に至る資本主義化の道筋で、十七、八世紀から十九世紀にかけてその体制を基本的にほぼ完成させます。経済学はそう状況を理念的に先取りして資本主義が全面化していると想定したところで抽象的な理論を構築するわけですね。まさにそれに足並みをそろえるところにスミスやリカードなどの古典経済学からはじまる経済学の理論史が透けて見えることになってくるのです。

やっぱり中心は人間がそれぞれ利己的な目的で行動しながら、それが合成されるとそれらの人間の意志とは違った結果がもたらされる、そのメカニズムは一体何かということを求めるところに経済学の出発点があったということが大事だと思うのです。最初は西欧でも日本でも政治的課題を明らかにするものとして登場した「経済学」だったのに、経済が今度は政治と離れて一人歩きし始めるということなんですね。すると今度は独り歩きしようとする経済というものの動きを知りたいという関心が経済学を学問として育ててゆくわけです。人間の経済生活を豊かにするという経国済民の主張が、客観的な商品経済の動きを観察し叙述するという方向に転じて経済学が成立するということになるわけですね。経済学は科学になるわけです。

六　資本主義をどう見ていくか

もちろん経済学の対象となっている商品経済の人間に対する疎外的な性格についてよく理解したとしても、その学問が現実には手段ではなく役に立たない無力な学問であるということに人が満足できないということはもちろんあるでしょう。活用できない学問は本当の学問ではない、と福沢諭吉も言っていますね。しかし仮に理論そのものが直接役に立たないとしても、その性格を理解することで役に立つこともあるのではないか。資本主義経済というものは、抽象的・理論的な話を別にすれば、実は、商品経済以外の要因がかなり大きな部分を占めているのが現実です。実際、商品経済であっても私有財産制度であるとか税制であるとか法的なさまざまな規制の問題であるとか、あるいは情報の非対称性など市場の動きをさまざまな形で制約しているものがたくさんあります。まして資本主義は国家の制度の中で動いているのが現実です。

だから資本主義経済であっても政府が積極的に関与できる部分がないわけではありません。国の経済の動きは実際は政府や自治体の縛り、あるいは最近では国際的な制度の縛りさえあって、かなり制約されているのが実情です。そういうところをいじることで経済の動きは確かに影響を受けます。そういうところをいじることでわれわれも経済に変化を与えることができるかもしれません。でもそれは経済に対して消極的な役割を出るものではありません。経済の実体は基本的には変わらないことが多く、回りまわって元に戻ってしまうのというか、圧倒的な資本主義の動きに規定されてしまいがちです。だから財務大臣の首をすげ替えてみても、あるいは政権が代わって首相の顔が変わっても、資本主義の圧倒的な支配下にある限り、経済はたいして変わり映えしないんです。資本主義の動きに結局大きく規定されてしまうんです。

資本主義は計画経済ではないし、資本主義の商品経済ですから、政府の強制によって問題を解決しようとしても、結局、時間が経たなければ問題はなかなか解決しない。というより時間をかけても変わらない。市場の動きにまつということが多いんです。経済が不況になっても人間の力では簡単には解決できないというのが資本主義の歴史の教訓です。解決できると考えても、結局は経済の論理から離れて政策が機能するはずもなく、人類の英知も商品経済の論理を越えるのはなかなか難しいのですね。結局、資本主義自身の問題ということになって戻ってきてしまうのですね。

しかし、いくらそう言ってもそれではどうしても満足できないのが人間です。何とか人間の思うように経済を動かしたいという願望は理解できます。確かに経済の動きは客観的なのですが、いまも言ったように、現実には国家やその中でのさまざまな法的規制でがんじがらめに縛られている。また資本主義経済といっても、全部の経済活動が資本主義的に動いているわけではなくて、現実にはそれ以外の要因によっても多かれ少なかれ動かされているわけです。アダム・スミスも言っているようにこれらの要因には警察や軍隊や学校などがあります。そのほかにも現在では多くの公共財が国家や地方政府によって供給されなければなりません。また公共の目的で市場の動きに様々な規制を設けて制限する必要もあります。社会保障も必要です。

だからその場合、逆に政府はその規制を動かすことによって経済の動きを変化させることはできるのではないか。また商品経済以外の部分は政府がその意思で強制的に政策を行使することだって可能なわけです。例えばある部分で法的な規制をはずしてそこの経済の動きを自由にする、あるいは逆の方法を採る、あるいは経済の動きを無視して増税したり減税したり、あるいは赤字国債を発行して公共投資に踏み切ったり、というようなことは政治的に可能です。もちろんそれは、規制の緩和のように商品経済に刺激を与えることによって、資本に有利に展開する場合もあるし、逆に、商品経済の動きに規制を与えることによって、一般国民に有利な条件を形成することもあるでしょう。

実際、そういったことはどこの国でも始終繰り返されている。それによって経済が多少活性化したり沈静化したりする。それが市場の動きを先取りしたものであれば成功することもあるでしょう。そういう政策は取れるかもしれませんが、それは例えば、ただ法的規制などを動かすことで経済の本来の運動を促進したり停滞させることであって、農業の生産性を上げるために水はけをよくしたり日照や温度を調節したりすることに似ています。そのばあいも成長の主体は植物そのものであることは明らかです。植物が枯れてしまえばすべて終わりです。だから道路、港湾などの公共事業で投資環境を改善したりすれば、それなりの経済の自律的な拡大は可能でしょうが、利益の上がらない企業や、小生産者にいくら補助金をつぎ込んでも経済基盤は改善されないなど、政策によって経済を動かしているつもりでも、所詮、実力相応の経済に人は最終的には動かされているのです。政府が成長率を上げようと努力して財政支出に努めてみても、色々な経済要因が変動して一時的に成長率が上がったように見えても、結局は、その時期に与えられている規模の経済の成長率を超えることはなかなかできないのですね。

この二十年、ほとんど成長が止まって財政赤字ばかり増やし続けてきた日本政府の成長戦略の結果がその証拠でもあります。貨幣の供給は最近はずっと随分増やし続けているのですが、経済自体が成長する力を持っていないのですね。そういうところにいくら餌をまいても駄目なんです。

だからよほどよい条件の下で投資を行わないと効果は期待できないことになります。その場合、効果というのは結果から導かれるものに過ぎないのですね。そういう点でいえば、かつての昭和三十五年から始まった日本の所得倍増計画の成功などは例外的成功の例なのでしょうね。現在の日本の農業などは誘導の仕方によってはまだ成長できるかもしれませんが、そこでは市場原理の行き過ぎというより市場の動き抑える政治的な力がむしろ大きいともいえるのですね。ただそこにはいろいろな問題が介在していますからここではこれ以上触れません。

戦時中そして戦後も、日本銀行に財政をまかなうために赤字国債を引き受けさせて政府が日本にひどいインフレーションを招いたことは、皆さん「日本史」で習ったでしょう。物価はおよそ一〇〇倍になり、戦時中の国の借金は一〇〇分の一に減りました。一時的には国は借金が安く返済できてよかったとしても、このインフレで負担をしょった国民は非常に苦しめられたわけです。政府は一時的にはそのやりくりも成功したかに見えたとしても、最後に冷厳な経済法則によって国は手痛いしっぺ返しを受けざるを得なかったわけです。国の借金は一〇〇分の一でもとにかく約束だから払った。でも財産税や何かで国民から税金を搾り取って不況に陥るんですね。

こういう問題はいまでも繰り返される可能性が十分あるわけです。戦争がなくとも日本を含めて各国は現在戦時中と同じように金融危機から始まった経済危機の対処による財政赤字の拡大に苦しめられているわけですから、本当に大変です。あの忌まわしい悪性インフレという問題が出てくる恐れは十分あります。

そうなると、経済の初心に帰って人々の暮らしを守ることを経済学の主題にしようと主張する人が出てきます。資本主義の牙を抜いてしまうというか、資本主義をやめてしまおうということになるでしょうか。それは極言すれば市場経済と社会主義的思想の対立の問題といってもいいかもしれません。社会正義と社会的公正を実現しようという主張ともいえそうです。

でもそのような社会主義を実現したと信じられていた体制は一九八九年以降、ソ連やその衛星国で破綻し、現在、市場社会主義を標榜する中国では逆に過激な資本主義的蓄積が依然進行しているとき、社会主義的といえるような考えは、わずかに北ヨーロッパの国々の福祉政策の中に集中的に現われているように見えます。そしてそれは資本主義国のいわゆるマクロ経済政策として現われるものに他なりません。それは社会主義的政策とは言えても社会主義とは言えません。体制としては資本主義社会です。マクロ経済政策とは現実の資本主義経済が国家と不可分の形で存在していて人々の意向を無視しては政治が進められないという状況の下で、商品経済の価格機構に対する制度や情報・知識の偏りなどによる制約を一方で調整しながら、また他方で利潤追求の資本になじまない公共財の供給や年金制度や健康保険制度の充実によって国民の福祉を実現してゆこうという性質のものです。

ケインズに始まるマクロ経済学とは市場経済の動きに対する政府の規制的な役割を扱います。それは市場経済の論理とそれとかかわりのない政治の論理、あるいは民主主義の原理との調整であって、現実の資本主義の安定的な発展にとって欠かせない問題です。そういう社会的な福祉政策を高度に実現しようとして現実の社会主義国は、軍備拡張競争のあおりを受けて、結局、先進資本主義との競争に敗れてしまったのですが、他方その競争の中で、資本主義の側でもマクロ経済学という領域で政治的にずいぶん解決できることはあることは示したと考えることはできるようになったと思われます。

皆さんは大学に入るとかならずミクロ経済学とマクロ経済学という科目を学ぶことになると思いますが、マクロ政策というのは先ほど述べた価格機構に対する制度や情報・知識の偏りによる制約を調整しながら、利潤追求の資本になじまない公共財の供給や年金制度の充実などによって政治的に国民の福祉を実現していこうという性格のものです。単に経済を大きくマクロ的な視点で分析するというようなものではありません。むしろ「経国済民」の考えに立ち帰って、経済の法則をうまく利用したり、その動きを制度的に制限したりして、国民の福祉を実現していくということでしょうか。

ミクロの方はいってみればより本来の経済学に即したともいえる内容で、市場経済の動きをさまざまな領域における均衡の問題として説こうとするものであり、社会的に必要な資源の配分はいわゆる「パレート最適」という形で実現されるとするものです。ここでは詳しい説明はしませんが、新自由主義経済学というのもそれに近いですね。そしてマクロの経済学はそういうミクロの経済学の知識を用いながら、経済学の及ばない国家の政治的課題との折り合いを短期的につけていく経済政策と言ったらいいかもしれません。つまり商品経済の普遍的性格と法則性をあきらかにするミクロ経済学に対して、国境に画される一国の政治的・法律的な規制の下にある多元的で複雑な経済を扱うマクロ経済学ということでしょうか。

現在の先進国といわれる国々では、マクロ政策がそのような福祉実現の役割を担っていると考えられますけれども、そういう国々にでもいま財政の負担がだんだん厳しくなってきている。他の先進国でも日本でも、そういう福祉政策を十分に実現するとしたら民主的な形で高い国民負担をどう納得させてゆくかの問題が大きくなっているわけです。ノーベル経済学賞をもらったインド人のアマルティア・センは市場経済の社会的選択の効率性の問題と政治の市民的自由の尊重とは本質的に矛盾するといっていますが、それでもマクロ政策の根幹でもある福祉政策はやめることは出来ません。

それが資本主義の発展にとって足かせになるとしても、人間の生活の向上を目指す人類の目的にとってそれが必要だからです。いま高齢化が進む先進国共通の悩みとしてある福祉政策をめぐるさまざまな困難な問題は、自己の利益ばかり追求するエゴイズムに対して共生の意識―そういう気持ちを大事にしないでは解決できないと思います。これは市場経済からは出てこない発想であり、長い間人類に培われてきた共同体の意識でもあるでしょう。いまやどこの国でも財政的な負担は資本主義の発展を制約する段階に至っているのです。それは財政の緊縮によって国家の支出を減らし増税によって国民の負担を増やすからです。

新聞やテレビでご存知のようにヨーロッパやアメリカがいまその危機に直面しています。日本もその点で現在きわめて危機的状況に立ち至っています。だからそのことをわれわれがいつも心していなければならないのです。社会保障の削減に反対するにしても、増税に反対するにしても、ただ反対するだけでなく、そういう問題をどう解決していくかの道筋を考えていかないと問題がどんどん悪化していくばかりでしょう。

でも、それにもかかわらず、いまあらためて強調しておかなくてはならないのは、経済学の学問的な発生はそういうところにではなくて、経済現象があたかも自然現象のように観察され、その認識を学問にまで展開できるかもしれないと感じられたときに人々が発奮して作り上げたものだということです。そしてその結果として商品経済の特殊性があきらかになったのです。だから正義とか公正といっているだけでは経済学にはならないのです。それは政治の問題です。でもそこにこれからの問題があります。われわれが資本主義に代わる社会の構想を具体的にまだ持てないでいるとき、われわれはどのように資本主義を変えていくのか。資本の効率をいたずらに求めていくのではなく、私たちの生活の質を高めていくにはどうしたらいいか。大衆の沈黙がかつてファシズムを招いた戦前の経験を顧みれば、国家が何をすべきかの民主主義的な決定を我々大衆が握る必要があり、そのための意識改革に絶えず努める必要があるということでしょうか。市場経済の動きを自由に任せきれるのか、それによって損なわれる人間の生活をどう守るかの問題です。先ほどのセンが提起した問題でもあります。難しい問題ですが、これはこれから皆さん方が考えていかなければならない宿題として残しておきます。

だいぶ難しい話をくどくどとしてきて、皆さんも大変だったと思いますが、最後までよく我慢して聞いてくれました。本当に有難う。全部わからなくてもいいんです。これから勉強するのですからね。話のごく一部でも君たちの耳に残ってくれることを祈って私のお話は終わりにします。

第2章　イギリスの凋落は最先進国であった故か
――ジャーヴィスの論稿（一九四七年）にみる――

一　はじめに

もう何年も前のことになってしまったが、一九九〇年の春、武蔵大学の海外研修の機会を与えられて、約三か月ロンドンに滞在していたことがある。その間、とりたてて予定がない時には、最初に訪れた一九七一～二年の頃と違って自由開架式にすっかり変わってしまったＬＳＥの図書館で時間をつぶすことにしていた。経済学史関係の本のあるあたりの机に座って、書棚の経済学史関係の蔵書の中で見慣れないものがあるとそれを取り出して眺めたり、拾い読みしたり、また日本ではなかなか読めない雑誌のバックナンバーなど片端から引っ張り出して、面白そうなものがあると斜めに読み飛ばしていたが、そこには何が出てくるか分からない楽しみがあった。

ある時、*The Manchester School*という雑誌を眺めていて、その一九四七年の一月号に次のような題の論文があるのが私の興味を引いた。表題はThe Handicap of Britain's Early Startというのであった。そして執筆者のジャーヴィス（F.R.J.Jervis）はその内容をあらかじめ次のように要約していた。

「この論文は、イギリスは産業的発展が早く開始されたことによって経済的に不利な条件におかれているという議論を検討する。その議論は以下のように要約できるであろう。すなわち、産業革命はイギリスで開始された。イギリスは近代産業の様式を最初に作り上げた国であった。最初であるためにイギリスは実験を試みなければならなかったし、全ての試みで成功したわけではない。ところが他の国は我々の成功だけを真似たが、失敗を真似ることはなかったので、我々の経験から利益を得ることができた。彼らの産業とその産業設備は丁度よく遅れてやってきた。そのためずっと新しかった。我々の産業は現在時代遅れになって不利な条件におかれており、また他国の産業ほどに効率的でない。もしも我々が工業化を後で実現したとすれば、産業は技術的にもっと効率的になったであろうし、そこで充用される資本は、より有利な条件の下におかれたに違いない、と」(P.112)。

（注）ジャーヴィス（Jervis, F.R.J. The Handicap of Britain's Early Start, *The Manchester School*, vol.XV, No. 1,1947.　なおその他の著作として次のものがある。*Price Control,Government Intervention on the Free Market?* Hutchison's Scientific and Technical Publications.1949, *The Evolution of Modern Industry,*G.G.Harrap,1960. *Bosses in British Business:Managers and Management from the Industrial Revolution in the Present Day,*Routledge & K.Paul,1974.）

ジャーヴィスが批判の対象としているのは、その論文の注によれば、Knowles, Allen,Bonavia

などの見解であり、それぞれの著書や論文からの引用が注記されていた。これは面白そうだと思い、短いものでもあったので、すぐ読んだ。それほど内容のあるものではなかったが、一九四七年という年代や当のイギリス人が書いているというのが妙に切実感があって、それなりに面白かった。終戦直後の時期のこの論文が日本に紹介されたかどうか知らないが、お門違いの私が仲立ちするのも一興かと思い、その時のメモにいささか手を加えてここに紹介させてもらうことにした。現在、先進工業国日本が直面している問題等に関連して、紹介する価値も多少はあるだろうと考えたためである。

二　第二次大戦前後のイギリス経済

ジャーヴィスの論文の紹介に入る前には若干の前置きが必要かもしれない。周知のように、第一次世界大戦以後、とくに一九二〇年代以降停滞を続けていたイギリスの経済は、第二次世界大戦の勃発とそれに続く戦中、極端に疲弊した。軍需産業の急激な拡大とそれに伴う消費財生産の削減は、国民に耐乏生活を強要することを余儀なくさせた。他方、軍需生産の拡大は工業原材料の輸入を増加させ、貿易収支の赤字を拡大させるばかりであった。大戦中はその赤字はイギリスの在外資産の売却などのほかにアメリカの武器貸与法による援助によってかろうじて維持されていたが、戦後になってみれば、イギリスはそれまで長い間かかって蓄積した在外資産を大量に失い、アメリカからは債務の返還を迫られ、完全に債務国に転落してしまったことを自覚せざるを得ない状況に追い込まれていた。従来、金・外貨準備高にほぼ見合っていた負債はその三倍以上に達しており、ポンドはもはや従来持っていた国際通貨の機能を果たせなくなっていた。第一次世界大戦から始まっていたイギリスの凋落は、広大な植民地の喪失とともに第二次世界大戦後に決定的になったといえよう。

第二次世界大戦が日本の敗北によって終了しようとする直前の一九四五年七月のイギリスの総選挙で労働党が勝利したが、その労働党の政策はケインズの雇用政策とベヴァリジの社会保障政策の考えを根幹に据えつつ、鉄道、民間航空、石炭、電気、通信などの公益事業の国有化の実施も目標に置いていた。しかしイギリス経済の再建はいろいろの障害にぶつかった。とくに海外投資からの収入の激減は国際収支を悪化させ、それを償うべき輸出は壊滅的な打撃を受けたままであった。輸出能力の増強、回復を優先し、配給制は引き続き堅持され、投資と輸入の統制や消費や価格の直接的な規制は残ったままだった。一九四六〜七年の異常寒波などもあり、イギリス国民は耐乏生活をなお暫く継続することを余儀なくされていた。

かくてイギリス経済は第一次大戦後から一貫して低成長に悩むことになるが、それは一つには十九世紀以来の海外投資優先の風潮が変わらなかったことやスターリング・ブロックを維持し続けていこうとする姿勢にも原因があった。戦後、イギリスはただちに資本輸出の制限を解いたし、実際、シティからの資本流失は大きかった。もちろん以前と違って、新投資の中での海外勘定の割合は大戦間から既に低下していたが、国内産業への合理化投資が十分できた状態にあったわけではない。戦争が終わって、その再建が緊急に話題になっているこの時期に、そして完全雇用の継続的維持のために輸出を戦前以上の水準に増やしていく必要があるのに、設備が老朽化し、新しく生産性の高い設備に更新していくための投資が当面期待できないとすれば、以前の繁栄を恨む気持ちが出てくるのも無理からぬものがある。しかもそれはまた、基幹産業の国有化＝組織化によって解決される性格のものではなかったとすれば、当時の人々が前途に悲観的になるのも無理からぬものがあったかもしれない。それだけにその原因を悲観的に分析すれば、イギリスが他国に先駆けて産業革命を実現し、世界の工場として世界に覇を唱えたこと自体に、その原因を見出そうという意見が出てきてもおかしくはないのかもしれない。

とはいえ、ジャーヴィスがこの論文を書いた後、一九四七年八月のポンド自由化以降、イギリスはスターリング・ブロックとの結び付きを以前より一層強めていくことで、ポンド体制を軸にドル・プール制を設け、貿易上、金融上でかなりその経済力を回復することができたのは事実だが、一九五〇年代の後半にはスターリング・ブロック自体の変質からその発展には陰りが出てくる。いわゆるポンド体制の危機の到来だが、それがイギリス産業の国際競争力の低下に原因ある限りで、結局、イギリスの歴史的に一貫した資本蓄積のありように規定されたものであることは否定できないであろう。

以下で紹介するジャーヴィスの論稿の主旨はイギリスの凋落の原因がイギリスのEarly Startにあるのではなくて、その後の生産性向上のための投資の不足にあることを指摘しようとするものである。イギリスは設備の老朽化を改善して、新しい設備に置き換えていかなければならなかったのに、それができなかった。そのために遅れて工業化したアメリカのような国に生産力で差をつけられてしまった。そしてそのショックが、イギリスが世界に先駆けて産業革命を実現したことがイギリスを模倣した国々に追い越された理由だという思い詰めた議論を導いたのであろう。実際、この論文の書かれた一九四七年のイギリスの雰囲気をそれが伝えるものであることは確かであろう。イギリスの前途に悲観的な見方が蔓延していたに違いない。

三　イギリス経済の停滞の原因

さてジャーヴィスによると、確かにイギリスは最初に鉄道業を発達させ、一八七〇年までには世界の鉄道の大半をイギリスが建設した。鉄道の目的は運輸にあるのだから、建設が終わり目的が達成されれば、それ以上需要が急増することはないし、機械自体がよくなればその寿命も長くなるから更新需要もそれほど拡大することもない。しかもイギリスの独占していた市場に他国が参入してくればイギリスのシェアは当然低下してくる。しかしそれがイギリスに最初に工業国になったためのハンディキャップだという俗耳に入りやすい理屈に、ジャーヴィスは反対するのである。

確かに、イギリスが唯一の世界の工場であった限りでは、その工業生産物の一〇〇％の生産量を誇りえたが、他の国々が生産を開始すれば一〇〇％を維持できないことは当然である。しかしだからといって早いスタートがハンディキャップになるだろうかとジャーヴィスは問う。むしろ早いスタートのために我々は、豊富な富を獲得するための産業を発展させることができたではないかというのである。

さらにイギリスがそのEarly Startのために自国の資源を浪費してしまったのではないか、そのための石炭、鉄鉱石採掘の困難さの増大が現在のコスト高を招いているのではないか、という意見もあるが、ジャーヴィスは当然反対である。彼は資源は過去使われなければ現在使われるだけのことで、使ってならないものではない、という。実際、資源を利用し鉄や石炭を船や鉄道に変えることで、イギリスは富むことができたのではないかと彼は逆襲する。確かに資源の枯渇があれば、その場所での産業活動の低下が免れないことはあるが、それが直接イギリス経済の凋落を意味するわけではない。それは他の部面での新しい活動に変わるだけである。新しい産業の発展は確かに若干の産業の衰退を招くことはあるが、それは効率化の証明ではあっても衰退の原因ではない、とジャーヴィスは強調する。

早期に出発したイギリスを他の国々が真似したとしても、そのコピーをさらに時代遅れにしてしまうようなイノベーションがイギリスにあれば、イギリスは依然としてパイオニアであり続けることができるはずだ。それが現在そうでないとすれば、イギリスの早すぎた出発のためではなく、イギリスに進歩が欠けていたためだとジャーヴィスは指摘する。「実際、我々は全ての経済財の生産において卓越していると本気で主張できるのだろうか?」(P.115)と彼は問い掛けている。

四　イギリス経済の停滞の原因（2）

一九四七年という年は、戦後政権を担った労働党がイギリスの主要産業の国有化の実施に踏み切っていく年である。不思議なことにジャーヴィスは国有化問題には一言も触れていないが、それは民間投資の抑制に作用するはずである。ともあれ彼はもしイギリスがEarly Startなしに「新しい経験の光の下で現在の資源を使えば、ずっとよくなったであろう」（P.116）という見解を俗説として退けている。過去の経験が有益であることは明らかである。しかも彼にとって問題なのは資本蓄積なのだ。それなしにはなにもできない。蓄積によってこそ古い機械を新しい機械に更新していくことができるし、衰退する企業から新しい産業に投資を移していくことを可能にするのだ。新しい産業への参入を可能にするものこそそのような形での資本蓄積であり、それに基づく資本調達なのだ。今はその存在意義を失っている産業であっても、かつてはその時代時代に必要なものを作り出していたのであり、またそこでうみだされた過去の蓄積によって、今日の資本投下が可能になったのである。

もちろんその過程で意思決定を誤るということはありうる。ある企業が他の企業によって取って代わられるような場合には、それがいえるかもしれない。しかしそういうことはあまりないのである。ジャーヴィスは十八世紀のターンパイク（有料道路）や運河の建設の例で考えている。ターンパイクの場合も、運河の場合も、鉄道の出現による被害は予想もしていなかった。ターンパイクも運河も需要がほとんど無い時代に作られたために基礎が全くばらばらであった。運河の寸法も違い、通行運賃もまちまちで、利用するものにとってそれは大きな制約となり、発展は阻害されていた。とはいえそれがもともと地域的な利用を考えていたものである限りでは、十分な機能を発揮していたと見ることもできる。実際、運河会社の利益は大きく、株式配当率は一時一九七％にも上ったことがあるという。だから運河そのものは長さが短かくても、狭くて非効率的なものであったとしても、その利益は大きく、それによる蓄積は次代の鉄道建設の投資の原資になったのである。ジャーヴィスは、非効率的であったとしても、運河投資によって国民所得が増大し得たし、そのことが次の発展の基礎となっていることを強調している。

興味深いのは、鉄道でも運河と同じように地域的な制約があり路線も短く、軌道幅も異なり、また運河同様、各地域間を貫く直行便（Through traffic）という考え方にも欠けていた。しかしそれは長い時間をかけて軌道の幅の寸法を統一し、機械器具の統一を計り発展してきたのである。問題なのは運河にはこのような改善がみられなかったことだ。もちろん水門の改良や運河の連結など多くの検討がおこなわれたのも事実だ。しかし運河業は鉄道業のように発展することはなかった。だから運河が発達しなかった理由は運河の利用が拡大しなかったという点にある。そしてそれは鉄道の発達によって運河の効用が次第に失われてきたためである。運河に投資するインセンティヴが失われたことが運河業の体系的発展を不可能にしたのである。

五　ジャーヴィスの結論

現在（一九四七年）のイギリスにとっての問題は、ジャーヴィスによれば、古い機械、古い設備を依然として使っていることだ。もちろん古い機械はとうの昔に償却が済んでいるはずである。そういう機械を今でも使っているということは、素晴らしいというべきか、それとも何と不効率なことかと嘆くべきなのか。確かに今でも使用できるということは、それが耐用年限を過ぎながら効力を持つということで、それはいわば「無償財」の性格を持つということだ。企業家にとっては過去の遺産である「無償財」をできるだけ長く使用して、他のものはなるべく少なく使用したほうがいいかもしれない。しかし、そこにまさに問題があるとジャーヴィスはいう。問題は決して技術の問題ではない。ジャーヴィスによれば「決定的な点はイギリスの多くの企業は設備を更新することによって生じるコストが、新しい資本のコストを含めて全体のコストを引き下げることができるかどうかということなのだ」（P.121）。「もし新しい資本のコストとそのランニングコストが古い方法のランニングコストより小でなければ、古い設備の方が経済的に効率的だということになってしまう」（P.121）。それでは困るのである。ジャーヴィスは積極的に合理化投資をおこない、生産性を上げ、全体の生産コストを引き下げていかなければ、イギリスの再生はあり得ないとするのである。彼の考えでは、第二次世界大戦以前においてはイギリスの産業自体が生産性を著しく低下させながら、なお市民の高い生活水準を確保し得たのが不思議なのであり、戦前の膨大な蓄積がそれを可能にしたとしかいいようがない。だからそれは、Early Startのお陰ではあったとしても、Early Startをイギリスの産業の衰退の原因とするものでは断じてないということになる。イギリスの停滞はイギリスの産業が古い設備を温存して新しい投資を怠ってきたことにこそその原因がある。最後にジャーヴィスは、結論して次のようにいう。「誤謬は過去にあるのではなく、現在（労働者の間に―引用者）流布している機械化阻止（restrictionism）という考え方にあるのだ。誤りは我々自身の中にあり、我々が過去から継承しているものにあるのではない」（P.121）と。

六　ジャーヴィス論文以後のイギリス経済

ジャーヴィス論文の紹介は以上で終わるが、最後に若干補足しておこう。

第一次大戦以前のイギリス経済を支えていたのが、イギリスに固有な莫大な海外投資であったことは明らかな事実である。そして第一次大戦後イギリスが再びポンド体制をもって世界経済の中心に復帰しようとしてうまくいかなかったことも既に周知のことであろう。ポンドには既に昔日の力はなかった。イギリスの産業自体がその産業構造変化の立ち遅れによって、海外に投資された資本を自らの商品の需要として吸収していくだけの力を既に失っていたのである。産業構造の転換に消極的であったイギリスの産業自体が、内部への投資の不足から生産力を低下させ、他国の産業との競争に破れるという事態を招いていた。すなわち規模は縮小はしたものの依然として続いていたイギリスの海外投資は、イギリスに還流することもなく、投下された国の近代化のために利用され、また他の国々に回流し、イギリスより遅れて近代化を始めた国々の産業の発展を促進する効果をはたして、結果としてイギリス産業の競争力をますます奪っていったのである。だから第一次大戦後の状況の下では、海外投資は増えても、それはイギリスに還流せず、ただイギリスの国際収支の赤字を増大する効果をもったのである。ケインズの提言が海外投資を国内の産業への投資に振り替えるための対策であり、彼がイギリスの金本位制への復帰に反対だった理由もそこにあったことは改めていう必要もないだろう。そのような状況が、第一次大戦後にケインズが直面したイギリスの経済状態だったのである。

その事情は第二次世界大戦を挟んで余り変わらなかった。そしてその傾向は植民地の完全な喪失とともにむしろ促進され、イギリス経済の衰退は基本的にはさらに強まった。そういう戦後の状態の中でジャーヴィスがイギリス経済の衰退の原因が産業への投資の不足にあることを指摘したのは、極めて正常なことといっていいであろう。確かに早期に産業革命を実現したことが衰退を導いたのではなく、その技術的優位性をその後も維持していく努力があったとすれば、イギリスはなお強力な経済力を維持することができたかもしれない。先にも触れたように、一九五〇年代のスターリング・ブロックとの結び付きの強化によるイギリス経済の一時的回復が、所詮一時的で終わらざるを得なかったのも、旧スターリング・ブロック諸国の独立とその急速な発展によって、もはやイギリスの独占的市場としてイギリスの産業的蓄積に貢献を果たすことができなくなったためであるが、その代替の地としてアメリカやヨーロッパの市場に依存せざるを得なくなってきた状況の中で、イギリスが停滞から抜け出すことができなかったのは、構造的なイギリス産業の対外競争力の低さに決定的な理由があったことに間違いないからである。

もちろん今世紀のイギリス経済の衰退がこれで全て説明できるわけではないが、かなりの程度は事態を表わしていると思う。実際、サッチャー政権の政策のもたらした成果は、その最終的な評価は別にしても、この事態の何らかの説明になっているように思えるし、また逆に、既に名ばかりになったとはいえスターリング・ブロックを捨てて、ECへの加盟を選ばざるをえなかった今日のイギリスにも、かつての世界の金融の中心としてのシティの栄光への思いいれがなお依然として残っていることに、逆にそれは示されている。

問題なのは、そのような産業空洞化が先進国にとって避けられない道なのかどうかである。これが後進国が先進国に追い付いていく過程では避けられない自然の成り行きであるのかどうかである。イギリスの場合まさにそうだったように見える。そうであるならば、その問題は今日の日本にとって切実である。ジャーヴィスにはもちろんそのような問題意識があるわけはないが、アメリカや日本についても空洞化の傾向は既に明白である。先進国がその生産をより賃金の安い新興国へ移転せざるをえないとすれば、投資は自国から海外に向かい、自国の産業は当然投資不足に陥り、設備は劣悪になり生産性は落ちて、なお過剰となり、雇用も減少して、産業自体が、そしてついには国家そのものも、衰退を免れないであろう。需要を確保しうるだけの新技術の開拓と新たなる国内投資の絶えざる増大がなければ、日本産業の空洞化は止めどなく進み、かつてのイギリス病は今やニッポン病になりかねない。いかにそれを克服するかが今問われているといっていいであろう。

七　サッチャー以後のイギリス経済の「復活」

ジャーヴィスの論文の以上の紹介を書いたのは、今（二〇一三年）から二十年以上も前のことである。それ以前からイギリスは「ビッグ・バン」を演出したサッチャー首相の主導でロンドン金融市場の役割を強化し、金融業・サービス業の規制緩和をはじめ、国営企業の民営化、外国企業の誘致などを通して生産の効率化に努め、新たな繁栄をもたらしたのであった。その後、何代かの保守党の党首が変わった後、政権を奪い取った労働党のブレアー首相もサッチャーリズムをほぼ継承する形で効率化を進めるとともに、サッチャー時代の社会保障の削減に反感を抱いていた国民に分配の公平を強調する「第三の道」を唱えながら、リーマン・ショックまで長期にわたってその成果を享受し続けたのである。それはイギリス経済の衰退を過去に追いやり「イギリス病」という言葉も忘れさせ、イギリス経済の復活と称賛されるような効果さえ生んだのであった。

ただ、その時期にも、ジャーヴィスの言っていたような産業への効率化をめざす設備投資はあまり進まず、むしろ第二次産業たる製造業から第三次産業に移行するのが正当な歴史の経路であるとして、イギリスの産業を金融と情報に特化したとするその先見性こそがしきりに強調されたのであった。（R・イングリッシュ／M・ケニー編著、川北稔訳『経済衰退の歴史学』参照。）そしてそれまではイギリス経済の衰退についての原因はなによりもイギリス社会の抜きがたい病根であるジェントルマン的性格であるという合意が、そこで吹き飛ばされたというのである。川北稔氏の解説によれば、それまでは「新左翼からサッチャー派、右翼まで、そのような観察をもって『衰退』の基本的原因とする見方が圧倒的であった」（前掲書、四一六頁）のであった。これは大きな議論の転回であるといわなくてはならない。このイギリス経済の凋落の元凶とされていた「ジェントルマン資本主義」への評価が逆転して、今度は高い評価を担うようになったのである。すなわちイギリスで産業資本家の成熟を妨げていたと信じられていた地主やシティを拠点とする金融業者や商人たちの存在が、つまりイギリス伝統社会の典型的な支配者たちがシティを通じて再び世界の金融界にその力をふるうようになったということだ。そしてそれは市場原理主義の新自由主義そのものの自由貿易主義の再現であるが、同時にそれはイギリスにおける産業の復活には結びつくこともなく、サッチャーの改革は所詮、金融やサービスを中核とする第三次産業の肥大の実現でしかなかったともいえるのである。

だが一九六〇年代から始まり八〇年代までいわれ続けていた「イギリス病」というその経済の凋落は、それではたして食い止められたということができるのだろうか。ジャーヴィスの杞憂はそれで消えたのであろうか。しかし脱工業化を果たした最初の国として、むしろ製造業の「開発国家」として日本を「ニッポン病」と貶めるような楽観的な傾向に満ちていた二十一世紀初頭のイギリス経済界の期待はその後どうなったのであろうか。産業の振興は実際にははかばかしくは進まず、イギリスのＧＤＰの二〇％を稼ぎ出すといわれた中核の金融部門もＥＵに加盟することによるヨーロッパ金融機構の不安定さからの例外をまぬかれることはできず、二〇〇八年のリーマン・ショックの影響はむしろ容赦なくイギリス経済を襲ったのである。金融不安はユーロ通貨の独自性によってＥＵの中枢をなす国々に大きな打撃を与えており、金融立国を目指していて特に打撃の多かったイギリスを含めて当分ヨーロッパに景気の回復は望めない状況にある。ジャーヴィスの危惧は依然残ったままで解決されていないようだ。そしてかつて最先進国イギリスに追いつこうとしていた先進国も今や新興国に同じように追い詰められているのである。ジャーヴィスの問題はすでにイギリスだけのものではなくなっている。

しかも、その間、世界の経済情勢はさらに大きく変わり、新興国なかんずく中国の急速な発展が世界の新しい脅威になった。リーマン・ショックを挟んで中国のＧＤＰ成長率は最近までほぼ一貫して高い水準を保ち、新たな「世界の工場」として世界経済に圧倒的な存在感を示しているのである。かつてのイギリス、そしてこれまでのアメリカに代わって世界の経済的な覇権を今やその手中に置こうとしている。二百年遅れて眠りから起き上がった獅子の姿である。まさに今関心を抱かざるを得ない対象である。

八　中国の産業革命

新しい中国の経済のこのような展開を歴史的にどう考えたらいいのか。私はかねがね気になっていたが、大学を辞めた私には手元に適当な資料がない。それでも時折訪ねる大学図書館で、書架に並んでいる定期刊行物の洋雑誌をたまたま拾い読みしていた時、ある記事が私の目を引いた。今から二年ほど前のことである。それはアメリカで発行されている*Economic Inquiry*という国際的な経済専門誌で、Why China industrialized after Englandと題するSarry S.Kahnという情報関係の会社の創業者で社長でもあるという女性の執筆した論考であった。彼女は論文の冒頭で次のように述べている。「工業化はイギリスで最初に起こったが、当時はイギリスではなく中国(China)が技術的には多分世界の先導者であっただろうと考えられていた。それなのにイギリスの百五十年後、そしてそれより遅れたヨーロッパの国々よりも一世紀遅れてしか工業化できなかったのだ」。(*Economic Inquiry* Vol.48,No.4,Oct.2010. P.860)。この言葉に興味を持って読んだのだが、この論文はHansenとPrescottの研究を修正するものと自らを位置づけている。数理的な扱いが中心なのでその論証の過程はここでは省略して、その結論だけを紹介しておこう。

ただその前に、中国(China)の技術的な歴史的な位置づけについて彼女の依拠する文献に触れておくことにしよう。彼女が依拠しているのはBairoch(1981)の論文である。そこでは次のように述べられているという。「十八世紀の中葉においては、ヨーロッパの標準的な生活水準は、世界の他の部分のそれよりもやや低かった、ということは十分ありうる。これは中国文明（Chinese civilization）によって成し遂げられた高い水準によるものであり、世界の他の部分におけるその国の相対的重要性（およそ三六％）によるものである。一八一五〜二〇年まではこの二つの地域の間の平均所得水準は依然同等であった」と。同様の見解はPomeranz（2000），Prescott（1998），Allen（2005），Hansen and Prescott（2002）などにもみられるとのことだ。

こういう見解を前提しつつ彼女は、HansenとPrescottの論証（2002）に修正を加え、新古典派的成長モデルを改め、人口密度の違いを入れて、工業化が全生産要素の生産性の増加率と人口密度の増加率によって予測されると結論したのである。人口密度を考慮することで工業化の時期を正確に予想できるというのである。そして以下のように例解している。

国名	1800年の人口密度（人数／平方キロ）	工業化の年	工業化時の人口密度（人数／平方キロ）
イギリス	61・67	1800	61・67
中国	34・38	1950	61・46
フランス	52・73	1850	65・45
ドイツ	50・00	1850	75・00

私は興味を持ったが、日本が例証の中に含まれていないことに失望した。都市の規模や領地の

範囲、人口数、支配する民族など始終変化してきたシナ（China）という概念の歴史的曖昧さは問題だし、推計の根拠となる統計にも疑問を感じた。ただそれを検討する能力に欠ける。それでとりあえず結論だけ記憶にとどめておくことにした。

その後、たまたま本屋で林毅夫著、劉徳強訳『北京大学中国経済講義』（東洋経済新報社、二〇一二年）を見つけて購入する機会があった。その第二章は「なぜ、科学革命と産業革命が中国でおきなかったのか」と題されている。著者によれば、近代以前の中国（China）は経済、科学、技術において西欧よりも進んでいたのに、その後大きく遅れてしまったのは、前近代においてはそれらが主として農民や職人経験に基づいて行われていた限りにおいて、中国（China）は人口の多さのゆえに大きな優位性を持っていたにかかわらず、西欧での経験に代わる科学者による研究室での実験に基づく科学革命に導かれた産業革命によって姿を消してしまったというのである。これは著者の基本的視点であるように思う。

中国（China）が二千年間、他の経済圏を凌駕して十九世紀半ばまで世界最大の経済国であり、西暦一年のローマ人の一人当たりの所得と中国人の一人当たりの所得はほとんど同じであり、また一八二〇年における中国（China）のＧＤＰは世界の三分の一であったとするとするA. Maddison, *The World Economy,*（2006）は過去の中国（China）の繁栄を根拠づける典拠にもなった。

著者の林氏は言う。「産業革命は英国で生まれ、すぐにヨーロッパ大陸に伝わった。産業革命は蒸気機関の発明と鉄の広範な使用に特徴づけられ、繊維産業の機械化から始まった。多くの人びとはそれがなぜヨーロッパで、それがなぜ英国で始まったのかを探求しようとした。英国には多くの有利な条件があったことは事実である。しかし中国の歴史を研究する学者は、中国では早くも十三世紀にはすべての有利な経済的、技術的、産業的条件を備えていたことを見出した。これらの条件は、英国が十八世紀まで持ちえていなかったものである。言い換えれば、中国は十三世紀と十四世紀初頭に産業革命の間際にいた。しかし、その後の数世紀において進歩はなかった」（前掲書、二八頁）と述べて、その原因を探るのである。基本的には、中国（China）の職人の試行錯誤の経験による技術の展開は、科学者の実験の試行錯誤による集中的な発明の連鎖を続けていくヨーロッパの技術に、結局追いつけなくなったということに帰着するようだ。それを加速したのは数学の利用であり、それは概念や理論を単純明快に理解できるからとした。ただ中国で数学が遅れていたということは否定する。ただ彼らが数学モデルと実験結果との対照にさほど興味を持たなかったとしているようだ。

また中国が官僚制であったことが、重商主義的価値観の形成にとって、ヨーロッパの封建制より不利であったと述べているNeedham,Joseph（*Science In Traditional China : A Comparative Perspective*. 1982）にたいしては、漢の時代でも商人たちの活動は抑えきれず、明の時代には先進的な商取引や資本市場が現れ、資本主義の芽が現れたとして、それが十四、五世紀でヨーロッパの十五、六世紀よりも進んでいたと反論するのである。

私はこのような数量経済史の業績やそれに基づく研究についてここで批判するつもりはないが、その統計にどのくらいの客観的な根拠があるのか疑わしい気持ちは持っている。したがってここで中国（China）が過去においていかに強大な経済大国であってもよいが、そのことにさほど関心はない。それよりも最初の紹介したジャーヴィスがイギリスが最初に産業革命を成就したために凋落したという問題を扱っているのに対して、今しきりに現代中国で、世界に先駆けて産業革命を成し遂げる力があったのに、なぜ二百年も遅れてしまったかと残念そうに論じていることに中国人の愛国の心をあわせ感じて興味を持つと同時に、従来の西洋中心史観の変革の必要性をつよく思った。

だが林氏が言っているように、「八〜十二世紀にかけて、中国では技術革新が速い速度で進行したが、十二世紀以降、それが停滞してしまった。このような状況の下で、資本を蓄積できず、資本主義も十分に発展することができなかった。資本主義とは資本が蓄積されつつ、そのうえで、資本と賃労働の関係が深まるものである。前近代の中国では伝統的な技術の下で雇用できる労働者が少なく、機械化大量生産ができず、それに対応する資本主義も現れなかった」（前掲書、四七頁）というのは、実はなぜ中国（China）に産業革命が起こらなかったかの結論であるように思われたのである。なぜなら明代に資本主義の芽があった中国（China）に、なぜ資本主義が発展しなかったか、というマックス・ウェーバーの問いに対する最終的な答えがそれだというのだからである。とりあえず順当なところではないだろうか。

九　おわりに

シナ（China）がイギリスに遅れて二百年後、産業革命を成し遂げたことが、ジャーヴィスのいうイギリスの衰退の問題とどう関連するか。その衰退から回復したとみられたイギリスも再び長期的不況に悩んでいる。資本主義が製造業にこだわることなく、金融、情報、通信、商品取引などの第三次産業を取り込みつつ発展していく道を選んだはずのイギリス、アメリカあるいはスイスなどの資本主義のような新しい方向がじつは閉ざされていて、資本主義がなお製造業をはなれられないとすれば、単にイギリス、アメリカだけでなく日本も含めて先進国は、いわばなお共通の境遇に置かれているのだ。つまり先進国であったがゆえ後進の新興国とりわけその代表たる現代中国に普及型の工業製品（Commodity）の生産で価格競争に一様に敗れているのだ。これは新興国が廉価な労働力と外国から導入可能な最新鋭の生産手段を併せ持つことからくる必然的な結果だともいえる。しからばその新興国はいつまでもその役割を享受できるのであろうか。現在では、先進国は中国への投資を控えて、より新しい新興国へ投資を向けつつあるという。それはこれまでの中国で豊富な出稼ぎの農民工によって支えられた低賃金の労働者による労働集約的な輸出産業が、最近の労力不足によって賃金が上昇し競争力を失い、迫られる産業の構造改革も国営企業にからむ既得権益者の反対などによって進んでいない中で、格差問題や環境問題への不満が噴出しているからである。その結果、当の中国の企業ですら東南アジアの国々に進出し始めているほどである。製造業での技術力の差がもたらす多少の棲み分けがありうるとしても、それは絶対的なものではなく、やがて模倣されて一般化していくに違いない。これは永久とは言わないがしばらくは終わることのない問題であるし、産業空洞化にあえぐ日本の現状を思えば、いよいよ深刻な問題であるといってよいであろう。

私がジャーヴィスにいまもなお学ぶものがあると感じたのは、問題が依然として現代に重なるものがあると感じたからに他ならない。

第3章　農業資本主義とは何か
――拙著『資本主義の農業的起源と経済学』でいいたかったこと――

一　問題の所在

上記の『資本主義の農業的起源と経済学』（社会評論社　二〇〇九年刊）と題する著作を発表したのは二〇〇九年であったが、その内容は長い間胸に温め続けていたものであった。一つにはアダム・スミスが資本主義の成立後の経済学者のように扱われるには産業革命までの時間の経過が長すぎるのではないかということと、もう一つはマルクスが十六世紀に資本主義への転機を置いて、しかも有名な「原始的蓄積」論の中で農業資本家と農業労働者の成立を説いて農業における資本主義の早期の成立に触れていたからである。それはマルクスが別の所で論じていた「資本の下への労働の形態的包摂」という分析視角とも深くかかわる問題である。農業資本主義についての研究がアメリカやイギリスで行われるようになってきたこともあり、またスミスについての時代的解釈も次第に明らかになってきたこともあり、そういう研究に刺激されながらそれまで書きためていた原稿を整理して書き下ろしたものが前記の著書であった。

私は宇野理論の影響のもとに、長年マルクス経済学の理論的研究に従事し、経済学史の研究もいわば『資本論』のような原理論体系の形成史として学ぶ傾向が強く、思想史的研究は手薄であった。またイギリス経済史についても専門的研究文献に疎く、常識的知識にとどまる理解しかなかった。そのような弱点は自分でもこの著書の執筆中にいつも感じていたことであった。それでも何とか書いておこうと思ったのは、日本ではまだそのような考えがほとんど知られていなかったからである。ただいくらかの兆候が見えだしたことは事実だ。私が大いに参考にした若いアメリカの学者の McNally の処女作である *Political Economy and the Rise of Capitalism : A Reinterpretation* 1988. やその後の同じ著者の *Against the Political Economy, Market Socialism and the Marxist Critique* 1993. の書評や消息などが日本でも学会誌などに現われるようになってきたからである。ただしそれらは残念ながら内容の正確な理解とはまるで程遠い代物でしかなかったが、ともあれ問題が明らかにされるべき時期は到来したと私には考えられたのであった。

詳しくは本書を読んでいただくほかないが、問題は世界に先駆けて現われるイングランドにおける資本主義の形成が産業革命後の木綿産業の成立の以前に、すでに農業部門で始まったのではないか、ということである。当然その前にはイングランドにおける封建制の崩壊が前提にあり、それはすでに多くのイギリスの研究が示しているように、金納制の始まる十四世紀にはすでに崩壊が始まっていたとみてよい。その後の数世紀の変化の過程をどう読むかに問題がかかっている。商業が外国貿易をも巻き込んで拡大し市場の範囲を拡大してくると、当然のことながら従来の自給自足的な農村の経済構造は急速に変化してくる。地域の生産の過不足を補い合うことから始まった市場も分業の拡大や外国からの輸入品をも含めて広がりを見せ、内外の市場を目的とする生産も拡大してくる。そこでは生産力の増大が当然課題になる。旧来の地主の意識に商品経済の進展が印象付けられて変化が起こり、利益増大への意欲から土地を貸与して耕作させる動機が芽生える。他方、商業の拡大による土地の用途の転換や効率化のための規模拡大などを契機とする土地の統合集中化がいわゆるエンクロージャ運動として間断なく各地に起きるようになると、封建的土地所有は事実上解体されて近代的土地所有に転換することになってくる。都市の有力な商人資本家、金貸資本家は自らの階層の上昇を図るために婚姻などを通じて地主階級に参入し、その結果として地主階級に新しい資本主義化への動機と活力を与えることになり、その傾向は世紀を経過するごとにますます助長される。

農業資本主義とは、封建的な強制による地代収入の限界を、自ら商業的に変身することにより、生産性を高め農業資本家の利潤追求の動機を媒介にして地代総額の増収を図る方向に転ずることではないか。それは最初から搾取を目的に形成されたというより、生産性の向上のために考案された資本家的経営方式の採用であったともいえるであろう。いわゆる原始的蓄積の過程がその際、無産労働者の創出の原因になったことはいうまでもないが、農村で形成された余剰なその無産農民の労働力は、当初そのまま農村内に留め置かれていたという理解がそこにある。農村にはエンクロージャに伴う仕事が結構あり、労働者を雇用する農村の工業も拡大しつつあったからである。

それにのちに労働者をプロレタリアートとして雇用し工場に吸収できるような都市はまだ形成されていなかった。細かい点はともかく少なくとも大筋としてそのように理解できるのではないかというのが、本書前半のあらすじであった。

そしてその結果として農村にまず地主と農業資本家と農業労働者のいわゆる三肢構造が早生的に出来上がり、それに倣う形で農村の小工業にも三肢構造が形成されていったのではないか。原蓄過程で形成された労働者は当然のことながら無産民であって、食糧や衣料やその他多少の工業製品などの生活必需品は自らは作りえないから市場で調達しなくてはならない。またそういうものは市場で売られるべく生産されていなければならない。木綿が衣料品として登場するよりはるか以前の十六世紀あたりの話である。長い封建制の習慣や制度の遺制は残っていることは当然だし、労働者といってもそれまでの領主の家来や領民としての生活の慣習が多分に残っていたであろうことは想像できる。近代化が進んだ十八世紀や十九世紀の時代ではないのである。もちろん農業の資本主義化の範囲は広がりつつあったとしても、なお部分的にとどまっていたであろう。しかしそうした変化が傾向的な拡大を遂げ、散在的なマニュファクテュアの形成や新しい都市での木綿産業の勃興と製造技術の発展を媒介とする工場制機械大工業に展開してゆくのである。その展開の過程に先行して運動を主導していったものがイングランドにおける農業資本主義の成立であったといっても大きな間違いはないであろう。それはもちろん農業を主軸としながら農村における小生産者をも含めたありようであり、世界に先駆けて出来上がったイングランドにおける三肢構造の形成であり、いわば早生的な資本主義の成立といってよいものである。そして農村の毛織工業ではなく、原料の取得や市場の海外への拡大を含めた世界的な経済関連の中で、都市の木綿工業こそが、やがて工場制機械制大工業として「資本の労働に対する実質的包摂」を実現し、資本主義を社会的にまさに確立させてゆくのである。

かくしてイギリスの経済学の形成発展の過程がそのような資本主義の歩みと何らかの形で同調せざるを得ず、したがってアダム・スミスのような古典経済学の創始者といわれる人でも、その経済学の対象は産業革命を経過した資本主義ではありえず、我々の明らかにした農業資本主義やその農村内部に展開するマニュファクチュアを対象にしたものであり、そこに彼の経済学の特徴が反映されざるを得ないというのが、続く後半の結論になってくる。

私が本書を上梓した後、沖公祐氏より雑誌『経済理論』においてご批評をいただくことができた。そしてさらにその批評に「リプライ」する機会をも『経済理論』誌から提供され、それを行った。ここではせっかくなのでその「リプライ」の論文を利用しながら、さらに続けさせていただく。以下はその「リプライ」を基に構成されているが、折々補足してあるところがある。

一　農業資本主義と古典経済学

さて、以上明らかにしたように、私が本書の中で繰り返し論じてきたのは、イングランドにおいて、いわゆる産業革命に先立つかなり早い時期から、近代的地主、農業資本家、農業労働者といういわゆる三肢構造が農村に出来上がっていたという事実であり、そこから出てくる大農場制による農業資本主義の成立という問題であった。封建制の崩壊と資本主義の成立に関する唯物史観的な把握の残滓があってなかなか理解されにくいが、次のような興味あるデータがその理解のヒントになるかもしれない。マクナリも利用しているものである。それによると、賃金労働者として雇用されたイングランドの農民（peasants）の割合は以下のように示されている。

これによると、イングランドでは十七世紀早々には賃金労働者の数がすでに農民の三分の一以上を占めているように見えるが、封建制が早くから解体され貨幣地代の導入も進められていたイングランドでは、実際、地主は活発に商業的利益を求めるようになっており、また都市の裕福な

1086年	6%
1279年	10%
1381年	2%
1540－59年	11%
1550－67年	12%
1600－10年	35%
1620－40年	40%
1655年	56%

（Source: Lachmann, *From Manor to Market,* 1987,p.17）

商人が地主と婚姻関係などを通じて新しく地主になって社会的身分の上昇を図ることもかなり一般的に見られた。また商業的利益のためにエンクロージャなどを通して所有地の拡大と地代収入の増加も図られ、地主が従来の土地管理人であったベーリフ（bailiff）に代えて、その経営に特別の才覚があると思われる借地農に大農場の経営を任せ、なるべく多くの地代を取得しようとする近代的性格のものに変化してゆくのは自然の動きであった。他方で地主から土地を借りて地代を払う借地農の側にとって

生産性を上げることは至上命令であり、そのため当時エンクロージャなどによって農村の土地から分離され職を失いつつあった小農民などを農業労働者として雇って集団で耕作に当たらせ、農業資本家として生産性を向上させようとするのは当然の選択であった。収穫高が上がれば農業資本家の利益は増え、その中から払うべき地代は当然相対的に減少する。地主は当然、借地契約の更新などを武器に地代の増加を要求し、農業資本家との交渉が行われ、その過程で土地投資における地主と借地農との分担なども協議されながら、資本家はその対応を工夫したであろう。農業の労働者には季節的制約があるが、農村工業の発達もあり、十八世紀の後半ごろまでは、土地を追放された無産民のかなりの部分が農村内部で吸収されていたのではないかと思われる。もちろん農業労働者が過去の領主制時代の農奴的遺物を引き継いだ過渡的で複雑な性格を併せもった存在で、近代的労働者というにはまだ遠い存在であったことも否定できないであろう。ただ私はそういう状況を見通しつつマルクスが、資本の生産過程の「実質的包摂」に対して、技術的には従前の生産過程と変化はないが、資本にただ従属している限りで「資本の下への労働の形態的包摂」と名付けた事態は、まさにそういう現実の変化に対応したものと考えている。そして実際マルクスはそれを農業と小工業で古い生産方法が維持されて状況として例示している。ここで用いた「形態的包摂」、「実質的包摂」という概念は、「直接的生産過程の諸結果」という名で知られた「資本論草稿」のなかにある概念だが、現行『資本論』には言葉は残るがその概念は明確に規定された形では存在しない。ただこれは史実の理解の上でかなり重要なポイントの指摘であったと思う。

こういう形でのマルクスの分析は別としても、事実としては現在のイギリスの経済史の学界ではその早期の農業の資本主義化は常識であり、すでにマーシャルでさえそのことは指摘していたと記憶する。私自身はもともとマルクスの『資本論』などの記述から基本的には学んだものであるが、そのことを現代のマルクス経済史家ブレナーの問題提起に始まるブレナー論争（Brenner Debate）を俯瞰しつつ、改めてイギリス経済史の中で確認することによって、ケネーやアダム・スミスが研究の対象にした経済社会がそのような農業資本主義社会以外にないことを本書の中で明らかにしたつもりである。それは基本的な産業が農業であった時代の資本主義に他ならない。

ケネーやスミスを論じることになれば、それはいわば経済学説史の領域になるが、私としては、ケネーたち重農学派の農業資本主義の把握があくまでもイギリスの現実（あるいはごく部分的に実験的に試みられていたフランスの大農場経営）に範をとった理念的な存在を対象とするものであったのに対して、スミスの扱った対象は農村に現実に展開していた農業資本主義と小規模な製造業の世界であり、それを資本主義という一般的な対象として理論化したものと考えている。スミスがいわゆる産業革命以前の経済学者であれば納得できるのではないだろうか。『国富論』の中に明らかなように、彼は商人と製造業者を嫌い、農業に特別の恩恵を見ていたのである。それはマルクスが言うような重農主義の影響などというような単純で形式的な問題ではない。スミスへの重農主義の影響といえばむしろその再生産論である。『国富論』第2編の主題であり、それには重農主義の影響が著しい。ただここではそのような理論的な関連の問題ではない。スミスの農業への偏りは、農業の生産性が工業のそれを規定するというスミスの農業に対する期待と信頼からきている。ただ、それにもかかわらずスミスはこの資本家的経営が工業をも包摂してゆく可能性を信じていたことも確かであろう。彼の優れた先見性がそこにあるわけだし、彼の分業論の展開からしてそう予想して間違いない。

しかもそういう資本主義の展開を支える自由主義政策はスミスの強く主張したものであるが、その場合、現代の新自由主義者が言うような自由放任を主張したものでは決してなく、独占を嫌い公平への他者の共感を成立の予件としたものであった。適当な例であるかどうか分からないが、今日、中国の温家宝首相がスミスの『国富論』ではなく『道徳感情論』を座右の書にしているといわれる理由でもあると考えられる。とはいえスミスはその後の考察を通じて個人の社会的条件の差異を考慮したときの共感による常識的調整の不可能さを悟り、最終的には公平、公正の判断を農業に従事する地主（ジェントリ）の国家的な政治的英知にゆだねる方向に向かったのである。自由主義が一定のモラルに支えられなくてはならないことを主張したスミスにとって、それはそのモラルを現実的に維持する政治的、法律的な現実的枠組みであったともいえるであろう。

これは先の農業資本主義論によって見直された経済学史の新解釈であって、以前から私自身も問題意識として持っていたものだが、McNallyの*Political Economy and the Rise of Capitalism : A Reinterpretation*, 1988という本をたまたま読んだことが執筆に際して大いに刺激になった。

それ自身きわめて興味深い論点を提起するものであったが、他方で私にとっては、さらにそのような農業の役割を強調し地代を重視したスミスの『国富論』における三大階級論が、同じく三大階級論を説きながら地代を差額地代に絞りそれを経済理論の枠組みから実質的に外して理論を資本＝賃労働関係を軸にした蓄積と市場関係に純化したリカードのそれとの間には、決定的な断絶があることを指摘しておく必要も強く感じたのである。そしてマルクスの『資本論』がリカードの理論経済学の延長線上の展開であることも確かであろう。更にいえば、そこにあるようにリカードやマルクスの理論の枠組みでは単なる地代取得者になり下がっている地主が、現実の歴史の中ではイギリスの金融機関の設立を行い、イギリスの産業発展のための道路・運河などのインフラストラクチュアを準備し、いわゆる産業革命期の工場建設に多大の融資を行い、また政治的にも国会を通じてイギリス資本主義の発展に寄与したことを確認しておかなければならないのである。その後、そのようなジェントリを基盤にする地主階級が、トーリーズから保守党へ装いを変えつつ選挙によって近代にいたるまで国政を永く支配したことは、ある意味ではスミスの期待に沿うものであったといってよいのかもしれない。

三　宇野「重商主義段階論」との関係

なお本書には基本的にはもう一つ、同じ主題から出てきた宇野弘蔵のいわゆる段階論における重商主義段階論に対する私の批判的内容があり、本書の第三部におかれたこの議論については、評者の沖氏が積極的にコメントされているので、ここで論じておく必要があるであろう。

それは私の論じた農業資本主義を宇野弘蔵の段階論の商人資本としての羊毛工業に代えてなぜ資本主義の第一の段階として説かないのか、という疑問である。沖氏は「著者の立場を一貫させるためには『産業資本としてのイギリス農業』をもって重商主義段階を規定するほかない」といわれる。私は農業が宇野段階論で言うところの代表的な資本形式になじむとは思えない。当時の変化しつつあった農業は、歴史的に引き継いだかつて共同体的に営まれていた農業を、土地を拡大しながら雇われた多数の農業労働者の手で共同耕作させて増産に励み、地主はその増収分の一部を借地権に対する地代として取得するものになりつつあったが、古い時代の慣行はかなり残っていた。そういう点では過渡的性格はまぬかれない。むしろ農業における資本家的経営は最初に主要産業を取り込んだ産業資本主義の初期の発展過程を表わすものではあっても、資本主義のある発展段階を特徴的に画定し代表するものにはならないだろう。その時代に特徴的に現われるのはやはり国際的な商人資本であって、その運動を通じて国際間の商品流通が活発化し、それがひいては国内の商品経済を刺激発展させ、労働力の商品化を媒介する商品としての生活手段の再生産を通して国内の資本主義化を促進する役割を演じたのである。そこでは商人資本はただ商人資本としてのみその役割を演じ、宇野がその重商主義段階論で論じたように、産業資本を胎生化するための「商人資本としてのイギリス羊毛工業」のようにはとらえていない。それは確かに、沖氏の言われるように「生産への浸透力をもたない商人資本」ではあるが、それは直接的に特定の生産への浸透力をもたないだけで、貿易の拠点を通して内国の商品市場の拡大に刺激を与え、資本家的生産への環境を整備することになる。そのような時期は、資本主義以前のどんな時代にもあったわけではない。封建社会の崩壊とそれに代わるべき時代への長い過渡の時期が続く中で、上昇してくる生産力に対応して登場する国際的商人資本の広範囲の活動が資本主義の形成に寄与することになったのではないか。産業革命の前になるとイギリス経済は新大陸とアフリカ、そしてヨーロッパをつなぐいわゆる三角貿易に支えられており、羊毛工業は大きい存在ではあったが全体の経済規模の中ではその割合は前より小さくなっていた。しかも羊毛産業から資本主義が生まれたわけではない。商業活動に代わって工業が資本主義の中核になりえたのは綿工業をイギリスがその体制の内部に確保した後である。農業資本主義の中で培われた資本家的経営が生産性を上げるための最良の方法として工業などにも適用されたのであり、その結果がインドから輸入されていた綿製品の代替産業としての綿工業を中心としたイギリスにおける資本主義の成立と工業都市の出現であり、その前提に商人資本や地主の資本蓄積と十八世紀後半から始まる人口爆発による大量の無産労働者の出現があったということである。

私は産業資本の成立が資本主義確立の画期をなすものと考えているので、それ以前の時期は農業資本主義を含めてそこに至る過渡期の問題にすぎないものとしている。農業は確かに当時の最大の産業ではあるが、伝統的な産業であるだけに形式はともかく実態は十八世紀まで未熟さを残した資本家的経営だったのではないかと考えている。ただ私は農業において生産性の向上を目指して資本家的経営様式が生まれたという事実を確認する必要があることを述べただけである。

資本主義の形成を論じるとき、商人資本の役割は当然大きいが、それはあくまでも商人資本的役割に即して論じるべきで、宇野のように「商人資本としてのイギリス羊毛工業」という形での産業資本の萌芽的な形態として、問屋制家内工業を内部の包摂することを予想するような資本として商人資本を説くべきではないと考えている。商人資本は、いわゆる重商主義段階において、国際的な商品経済的な交流の拠点を作り、自ら資本の本源的な蓄積を果たしつつ、他方で国内の市場の形成を通じて労働者の商品経済的な意味での再生産の環境を確保しうる限りで、資本主義の成立を準備したものにすぎないのではなかろうか。自らが産業資本家に変貌するわけではない。（もちろんここでは資本家個人の出自を論じていない。）商人資本が生産過程の組織的編成は行わなかったし、行えるはずもない。それは土地のエンクロージャという暴力的な強制によって形成された無産農民の形成とその近代的労働者への鋳直し、および、それを可能にした生活必需品の市場の成立を条件とするものである。その市場の成立を外部から促進したのが商人資本の働きだとしても、商人資本が産業資本になったわけではないし、なれるものでもない。マルクスが無産労働者の創出過程をわざわざ本源的蓄積過程として多くの頁を割いて叙述したのはそのためであろう。

とりあえず私はここでは宇野理論の段階論から離れて考察を巡らせているのであって、沖氏が提案されたような宇野の重商主義段階の支配的資本形態を改めて、「産業資本としてのイギリス農業」に代えるという考えは持っていない。もともと宇野の重商主義段階という規定にいささかの疑念を抱いているからでもある。とはいえ宇野の段階論そのものについて直ちに否定的態度をとっているわけではなく、宇野によるマルクス経済学の体系化の作業の中での中間理論としての位置づけという問題提起の重さには学ぶところ極めて多く、なお検討を続けていくつもりであることを付け加えておきたい。

第4章　『共産党宣言』百五十周年に思うこと
―『宣言』から『資本論』へ―

一　『共産党宣言』との出会い

マルクス・エンゲルスの『共産党宣言』が世に出てから、今年で百五十年になるという。もっとも私が『宣言』を読んでからでもすでに五十年以上経っている。そのことにも驚いてしまう。実際、『宣言』刊行百年を記念して発行された雑誌『唯物史観』第四号がなぜか今も手元にある。百五十年といっても、その三分の一の歳月は私も一緒に歩んできたことを思うと、五十年の重みを改めて考えてしまうのである。

また、日本で初めて『宣言』が翻訳され出版されたのは、明治三十七（一九〇四）年十一月十三日発行の『平民新聞』においてである。それは『宣言』がドイツで刊行された年、一八四八年から数えて五十六年後のことに過ぎず、日本語翻訳の底本とした英語版の刊行からわずか十六年しか経っていない。今日のように、情報が瞬時に世界中を駆け巡る時代とはまったく違う当時の西欧と日本の時代的懸隔や歴史的背景の相違を考えた時、訳者、堺利彦、幸徳秋水のその仕事にかけた情熱とその先見性に驚いてしまうのである。ただそれが政府の手で即日発禁になったことも付け加えておかなければならない。それほど日本で危険視されていた本でもあった。

私が『宣言』を初めて手にしたのは中学二年の頃である。終戦直後、父は私を連れてよく本屋巡りをした。古本屋に入ると、戦後どこからともなくあふれ出てきて、棚に並べられたおびただしい戦前の隠匿されていたマルクス主義関係の本を父は指差し、あれは家にあった、これも家にあった、みな表紙をちぎって焼き捨てたり便所の落とし紙に使った、とやや興奮気味に話してくれたものだ。父は戦前に多少そういう思想運動に関心があったようだったが、戦後になってその頃の気持ちがよみがえってきたのだろうか。終戦から少し経った翌年の一月のことだったと思うが、共産党の野坂参三が中国からいわば凱旋のように帰国して、宮城前広場で山川均の司会による帰国歓迎国民大会なるものが開かれた時、「これからは社会主義の時代になるよ。財産なんか持っていたってしょうがないんだ」と父が感慨深くもらしていたのを若干の不安な気持で聞いたことを思い出す。ともかく父はある時そういう古本屋の棚の中から河上肇の『貧乏物語』をかなり高い値段で買って、私に読むようにと渡してくれたのだった。今とは少しは違っていたとはいえ平凡な中学二年生の私には著者の熱気は多少は伝わってきたものの、正直面白い内容のものではなかったし、それによって社会問題に大きく目を開かれたということにもならなかった。そんな折に『共産党宣言』も買ってくれたのである。それは古本ではなく新刊だったが、とても粗末な本で、表紙も本文も同じザラ紙で刷られ、堺利彦、幸徳秋水という訳者の名があった。戦前からずっと発禁になっていた昔の本を改めて刷り起こしたものであった。彰考書院というところで刊行され、表紙に「解放文庫」Ⅰ、と印刷されてあるのが印象的であった。禁書の復刊を知った父が驚いて買ってくれたその本はいまでも大事にとってあるが、かなり紙が酸化して傷んでおり触ると崩れそうだ。

「一個の怪物がヨーロッパを徘徊している。即ち共産主義の怪物である」という有名な冒頭の言葉はいまだに記憶している。また「ブルジュアとプロレタリア」という章題も、かつては「紳士閥と平民閥」と訳されていたという説明もそこにあったような気がする。私はヨーロッパを徘徊する「怪物」という表現に不思議なとらえにくい不気味さを感じながら、階級闘争というテーマと資本主義社会での「ブルジュア階級とプロレタリア階級」との対立・闘争という単純な図式にそれなりの印象を持ったと思う。それが唯物史観だとわかるのは後の話で、その頃の私には難解で多くの人が感じたという大きな感動を与えられたということはなかった。当時、労働争議は激しかったが、アメリカ占領軍支配の印象が強く、まだ政治的にも思想的にも未熟な私は『宣言』の叙述などとの関連を理解するには至らなかった。言ってみれば初めて読んだマルクス主義の文献であったが、とても読んだとは言えない。ある意味ではあの歴史的な古典的書物に圧倒的な感銘を受けるという体験をほかの人のように味わうことがなかったのは今となっては残念なことだったが、年齢的な限界であったと思う。きちんと読み返したのはずっと後の話だ。

二　『共産党宣言』との再会

それでもそれから十年も経たないうちに、私はたまたま大学院でマルクス経済学を専門的に学ぶようになっていた。しかし『資本論』の研究が中心で、その内容の理解に精一杯であった。もちろん周辺の文献にも注意を怠らず、初期の『ヘーゲル法哲学批判序説』や『経済学哲学草稿』、『ドイツ・イデオロギー』であるとか『哲学の貧困』や『賃労働と資本』などを紐解き、エンゲルスの『空想の科学』などと共に合わせて『共産党宣言』も何度か読み返す努力はしていたが、経済学を扱ったその後の『経済学批判要綱』などと比べて、引き込まれるような強い興味を感じることが少なかった。その頃はあの唯物史観はすでに勉強済みであっただけでなく、宇野理論の学習を通じて、イデオロギーと科学的認識との関係についても一定の理解を持っていた。実際、当時の私は、『資本論』のもつ圧倒的な力、飲み込まれずにはいられないような論理的・体系的魔力に圧倒されていた。そのような経済学の吸収が先行してしまったのが、『宣言』との印象の違いの原因だったのかもしれない。それより少し前、経済学の文献よりも先に読んでいた上部構造論の文献に対しては、未知の領域を感じてわくわくした記憶はあったのだが、唯物史観そのものについては図式の理解以上には進まなかったし、むしろそこに理論的認識に対する制約的作用を煩わしく感じていた。

当時、『宣言』はそのままの学習の対象というより、何か材料をそこに投影することによって見るしか興味を感じなかった。何か、というのはたとえば唯物史観の成立過程をマルクス・エンゲルスの思想の歴史的展開の中に追ってゆく場合の『宣言』の位置づけであるとか、あるいはエンゲルスの『共産主義の原則』と『宣言』との比較対照であるとか、あるいはまた、エンゲルスは『宣言』に何度も序文を書いているが、そこにどのような変化があるのだろうか、を調べる、というような場合である。率直に言って現在の我々にとっては一八四八年のあのヨーロッパの高揚した革命騒ぎはないし、マルクスのパリ・コンミューンの中に夢見た共産主義革命も、ソ連邦の崩壊によって、かつて『宣言』に感じていたかもしれないその迫力やその意義は、我々には今では失なわれてしまっているようにみえる。確かにそれは我々にとって、百五十年前の共産主義者の「革命的宣言」としての迫力も刺激もない。「近代ブルジュア的所有の解体を宣言する」という任務をもつとされたこの『宣言』も、今や歴史的な過去の政治的文書として残る価値しかないというべきであろう。

実際、今になって考えてみると、ちょうど五十年前、ハロルド・ラスキが『宣言』刊行百周年を記念して出版した『共産党宣言』新版につけた「序文」の中で、アメリカの「独立宣言」やフランスの「人権宣言」に匹敵するとした『宣言』もすでに色あせて見える。それは『宣言』が一つの時代の一つの歴史哲学を語るものであったからではないか。それが当時の学問的分析に支えられた、いかに中身の濃い劇的迫力に満ちた主張であったとしても、不滅の聖典ではない限り、時代の批判にさらされるのは当然である、とし、「あらゆる社会の歴史は階級闘争である」という有名な言葉に集約されている唯物史観も、現在、多くの批判を浴びており、また歴史的予見の誤りとしては、たとえばベルンシュタインの論じた中間階級の広範な存在は事実として否定できないであろう、と述べていたのは首肯できる。

三 『宣言』と『資本論』

それでは『資本論』はどうなのだろうか。内容の違いもわかった上で『宣言』と同じ位置付けで考える論者がいるのは承知しているが、とても思想の書として両者を等置することはできない。『資本論』は共産主義を宣伝する書ではない。イデオロギーの書ではない。まして革命の書でもない。それは資本主義経済の解明を目指した経済学の本である。社会主義者としてのマルクスの思いが叙述の中に時折現れることがないでもないが、それは理論を主導するものではなく、理論はあくまでも対象とする資本主義経済の透徹した論理の自立的展開にゆだねられている。同じマルクスの執筆したものであっても、『資本論』は依然として現在でもその価値と有効性を持ち続けているのと思われるが、それは『資本論』に残るイデオロギーを除いたその論理的展開そのものにあるのではないか。それは依然として資本主義社会の本質をとらえて離さないからである。すなわちその両者の相違は、『宣言』のもつ政治綱領的・実践的性格に対して、『資本論』のもつ科学的・理論的性格によるためではないだろうか。そのことを少し考えてみたい。

それは例えば、『宣言』における資本家と労働者の階級関係が『資本論』のそれとはかなり違うところにみられる。唯物史観によって歴史を説くマルクスは、その『宣言』においては、人類の歴史的発展段階としての資本主義社会では階級関係をブルジュワジーとプロレタリアートとの対立としてとらえ、政策綱領としてはブルジュワ的私有の廃棄であり、簡単には貧民階級が富裕階級から富を奪い取るという構成になっている。労働者はいわば職工として貧乏ではあるが自主性をもつものとして理解され、資本家は、のちのエンゲルスの注釈にもかかわらず、資産家であっても産業資本家として明確にまだ規定されているわけではない。労働者も商品化された存在としての労働力としては産業資本の生産過程に完全に組み込まれた存在として十分意識されているとはいえないのだ。「プロレタリアート」という言葉はマルクスの初期の草稿『ヘーゲル法哲学批判』にはすでにみられる。しかもそこでは「プロレタリアート」の存在に期待するというマルクスの言葉があった。しかしその内容は何ら具体的に規定されていなかった。

『共産党宣言』では労働者階級は資本家階級に即応する階級として形成され、資本家階級の拡大発展に伴って自らを増大させ団結を強めて、資本家との階級闘争を激化させる力あるものとして規定されていたが、資本との関係は十分明らかではなく、そのおよそ一年後に現れる『賃労働と資本』（最初は『新ライン新聞』に掲載）によって初めてその関連がほぼ明らかにされたのである。すなわち産業資本に雇用された賃労働者の労働が資本の生産過程の中で労働者に支払われた価値（賃金）を超える剰余価値を生み出すというマルクス経済学の基本的な規定がそこで初めて姿を現わしているということであり、資本と労働との関係もほぼそこで解明されるに至っているということである。もちろんそこでも労働力と労働の区別など規定のあいまいさは残り、労働力の商品化は完成された叙述になっているわけではない。でも『宣言』に見られなかったマルクスの基本的な経済学的考察がそこに姿を現しており、大きな飛躍を迎えることになる。

四　『資本論』の画期的意義

その後、十年もたたないうちにマルクスは『経済学批判要綱』と題される膨大な草稿を書くことになるが、そのなかでマルクスは初めて彼の経済学の壮大な内容を我々に示してくれた。そこにはヘーゲルに強く影響された彼の完結した総体を求める体系性が大きな特徴として表れている。古典経済学に学んだマルクスが自らの経済学をいかにその体系の中にまとめ上げるかが彼の課題になった。そしてそれはのちの『資本論』への最初の準備稿となる。そしてその後も継続した営為の中で最終的な『資本論』の準備草稿は、のち古典経済学からさらに徹底的に批判的に学んだ上で自らの経済学を、十九世紀中葉の世界経済の中枢であるイギリスにおいてその金融組織の整備と海外投資との関連をロンドンでの日々の市場の変化の中でくみ取った理解とどう組み合わせどう具体化させてゆくかという問題意識にのっとって書かれたものであり、それはのちエンゲルスの整理編集にゆだねられ出版される膨大な『資本論』草稿として遺されたのであって、『資本論』第二部、第三部がエンゲルスによって編集出版された時、その内容のもととなったものである。それについては研究書は汗牛充棟、数えきれないほどあるし、ここではそこに深入りするつもりもない。ただここで言えるのは、それに費やされたマルクスの営為は計り知れないものがあり、若いころ、共産主義者同盟の大会に出席して綱領の作成を求められ、引き受けて『共産党宣言』の執筆をした頃とは、その学問的蓄積も執筆の環境も、あまりに違いすぎて比較できないほどである。

『資本論』の今日的意義についてここで語るのはやや場違いであるので、詳しく述べることはできないが、『資本論』は革命家マルクスが革命を成就させるための準備的作業として執筆された資本主義経済の研究であったとしても、これ自身が革命の本ではないということをまず確認しておく必要があるだろう。『宣言』は直接に革命党の綱領でありその目的は明瞭である。しかし『資本論』は資本主義の解明のための営為の成果であって、『資本論』の数多く書かれた草稿を子細に検討すればわかるように、晩年になればなるほど彼が資本主義の科学的分析そのものに全精力を傾けたことが理解されるのである。それは労働者と資本家との対立のいわゆる生産関係の図式と生産力を資本の生産過程の中でとらえなおし、生産力の大きさをｍ／ｖすなわち労働力の価値と剰余価値との比率という形で把握することによって、いわゆる唯物史観の内容を理論的に根拠づけたのであった。しかしそのことによって『宣言』で論じられた唯物史観はその後の展開では実質的に影をひそめることになる。その意味では『資本論』は『宣言』を揚棄し理論的にも完全に乗り越えたものと私は理解している。また同時にそれは『資本論』の意義をますます強調することになってくるはずである。

もちろん『資本論』は、対象が絶えず変化する歴史的現実であるだけに、それを抽象して理論化するマルクスの努力にも限界があることは否定できないだろう。ただ資本主義社会が資本主義的市場経済に根拠して存在している限り、その市場経済に込められた原理的分析の視角は今になお変わることなく息づいており、その内容は簡単に批判できるようなものではない。現在の飽くことのない願望を隠すこともせず露骨に利潤追求に走るグローバル資本主義の様相をみれば、マルクスの資本主義の原理的性格の科学的な本質暴露がいかに正しかったか了解できるというものだ。それはたんにマルクス個人の努力にのみよるものではなく、資本主義の成立以来、多くの先学によって人類の営みとして行われてきた対象への飽くことのない興味と分析にもとづくものであるからであり、それを体系的知識としてまとめてゆく古典派以来の経済学の長年の努力の継続による成果を継承するものだからでもある。資本主義的市場経済に対してこれほど全面的な解明を果たしえた経済学はほかにない。そしてまたそのことによって資本主義社会の根本的な欠陥をこれほど鋭く示すことができた経済学はほかにない。

残念ながらマルクス経済学に対する偏見は今日なお消えることがない。それは『宣言』と『資本論』を同一視するような誤解に基づくものであることが多い。しかもそれは先にも述べたように、『資本論』を読まずして語る誤解であるか、あるいは『資本論』を思想の書として革命の書として自ら誤読して宣伝したマルクス主義者に責めを負わせるべきものである。かのアルフレッド・マーシャルでさえ、マルクス経済学に対して、その纏った社会主義的頚飾のためにその内容を軽視した誤りを犯した同時代の経済学者に対して、その本来の主張の正当性を理解するように注意を喚起しているほどである。実際読めばわかることだ。読み続けることを困惑させるそのヘーゲル的な論理展開の難渋さに辟易したとしても、努力して『資本論』を正確に読むべきである。そのことによって『共産党宣言』の持つ歴史的意義とその歴史的限界もまさしく正当に理解されるに違いないからである。

第5章　マーティーノゥの『経済学例解』は経済学なのか文学なのか

——知られざる十九世紀イギリスの女性作家ハリエット・マーティーノゥをめぐって——

一　はじめに

ハリエット・マーティーノゥ（Harriet Martineau）というイギリスのヴィクトリア時代の女性の著述家がいる。イギリスに登場した初めての女性ジャーナリストといってもいいかもしれない。その著作は五十点を超え、*The Daily News*という新聞にだけでも千六百四十二篇の論説を書き、その他の定期刊行の雑誌などに掲載した評論も二百篇を超える。その内容も宗教、哲学、政治学、経済学、社会学、女性学、女性教育論、旅行記、小説、伝記とジャンルも広く、生前には著名であった。だがその著作もその活動もやがて忘れられた存在になってしまった。活動範囲が広すぎてその特徴が定まらなかったことが理由の一つになっていると思われるが、内容に時代的制約が強すぎたという説もある。日本でもずっと知られていなかった。しかし一九八〇年代あたりからフェミニズム運動の急激な高まりの中で、アメリカ、イギリスではフェミニストとしての彼女の見直しが始まり、急激に評価が高まってきた。

イギリスでは彼女の著作の一部が復刊され、最近では「マーティーノゥ協会」が結成されて再評価の動きも一層加速されている。日本ではマーティーノゥのフェミニストとしての活動についての研究はまだ手がつけられていない。ただ海外の影響もあって日本でも英文学者の中にマーティーノゥに注目する研究者も現れ、我々の努力も多少はあってか経済学者の中にも彼女を話題にする研究者が見られるようになってきた。しかし全部合わせてもその数は片手はともかくまだ両手には至らないといった程度である。それにマーティーノゥの経済学を本格的に扱った研究者は残念ながらまだ現れているわけではない。それでも最近まで無名であったのに、我が国でマーティーノゥを英文学者と経済学者が少しずつ取り上げるようになってきたのは事実だ。なぜ二つの方向から扱われるのか。その理由は何なのか。もちろんそれは彼女の名を一躍有名にした『経済学例解』(*Illustrations of Political Economy*)という一連の著作のもつ特殊な性質のためでもあろうが、その点をここで多少とも解明しておこうというのが小論の趣旨である。そのためにもマーティーノゥの生涯をたどり、その人物とその業績の特徴をまず見なければならない。

二　マーティーノゥの登場

ハリエット・マーティーノゥは一八〇二年にイギリス東部の都市ノリッジの裕福な織物業の経営者の娘に生まれ、一八七六年に湖水地方のアンプルサイドの自宅で七十四歳の生涯を閉じた。生涯独身であった。イングリッシュ・ネームとは言えないその姓は、彼女がフランスのユグノーの家系であることを物語る。十七世紀にノルマンジーから移住してきたその家は代々外科医であったというが、彼女の父は実業家であった。彼女は六人兄姉弟妹の四番目で熱心なユニテリアンの教育熱心な家庭の中で男女差別の少ない教育を受けた。ユニテリアンとはポーランドの自由主義的な神学から派生しイギリスで普及したといわれるキリスト新教の一派であり、三位一体説を否定し旧来のキリスト教の教義の多くを否定する合理主義的な理解がその特徴の宗派であって、有名な化学者で牧師でもあったジョーゼフ・プリーストリーはその理論的支柱の一人であった。またハリエットの弟のジェームズもユニテリアンの有力な指導者になっている。イギリスの作家や科学者の中にユニテリアンの影響は目立っており、彼女の生まれた街ノリッジでもそれを信じるものが多かったという。

ハリエットは生来体が弱く病気がちで家庭の中では一番ダメな子どもと思われていたが、それは彼女が幼少から難聴で味覚にも欠けた障害児であったためである。母親は彼女をその障害ゆえに強く育てようとして甘やかさず厳しく接した。そのことが生涯彼女と母親との不和の原因となった。しかし彼女は十四歳の少女時代にブリストルの近くの叔母の経営するユニテリアンの寄宿学校に入って一年半を過ごし、そこで合理主義的なユニテリアンの教義を学び家庭では得られなかった優しい愛情に満ちた叔母や従姉妹たちと接して大きく成長する。彼女はその学校でユニテリアンの著名な説教師であるカーペンター博士の指導を受けて、自己選択による神学的決定論の理解を身につけたのである。そして創造主としての神への信仰と科学的合理主義との矛盾なき統一を彼女は高名な科学者であるプルーストーリーの著作から深く学びとった。家に戻った後、彼女は家族に一目置かれる存在になっていたという。彼女は勉強が好きな努力家であった。すでに一通りの勉学の時期が終わっても、姉弟でラテン語を学んだりイタリア語の詩を訳したりなどの勉強は続けていた。ただ女性が勉学するという雰囲気は知的といわれた当時のノリッジの街でもまだ一般的ではなかった。彼女は刺繍や裁縫の仕事の合間に隠れて本を読んだという。

ただ彼女の聴力の悪化は彼女を精神的に絶えず悩ませていた。だが同情を嫌った彼女はただそれを自分自身に受け止めるしかなかった。そのころ彼女の弟の親友が家に遊びに来た機会に彼と恋愛関係になるということがあったが、彼が精神的な病から死に至りその恋も成就せずに終わった。その頃彼女の家は悲劇に見舞われていた。長兄の死とそれに続く恐慌による父の事業の倒産であった。そしてその後の父の死は次兄の努力にもかかわらず一家を崩壊させた。姉妹はガヴァネス（住み込みの女性家庭教師）になって働くことになる。

障害のためガヴァネスになれないハリエットは得意の刺繍や裁縫でいくらかの金を得るしかなかった。しかし同時にその前後から弟に勧められて始めていた彼女の執筆活動が活発になる。寄稿したのは『マンスリ・リポジトリ』（*Monthly Repository*）というユニテリアンの月刊誌である。当時は女性が文章を書くという行為は好ましいものとされていなかったので、その原稿も男性のそれと紛らわしい名前で発表された。編集者のウイリアム・フォックスという人物が彼女の才能を評価してくれたので、収入には必ずしも結び付かなかったが、ずいぶん執筆の機会を与えられ、フォックスの指導もあって理論的にも大いに成長を遂げた。宗教的な論文だけでなく社会評論や詩、小説にも手を染めて、その存在はユニテリアンの中では評判になり注目されるようになった。やがてユニテリアンの本部が、カトリック教徒、ユダヤ教徒、そしてイスラム教徒のそれぞれをいかにしてユニテリアンに改宗させるかについての論文を懸賞付で募集するという機会を設けたとき、彼女はそのすべてに応募して全賞を独占するという快挙を成し遂げるのである。清書もそれぞれ別人に依頼し郵送する包装も全部別にしたというほど注意した上でのことであった。これは大きな驚きを与えたが、彼女はその名誉を称えられるにふさわしい能力をもつと評された。それは直ちに出版されてきわめて高く評価されたといわれる。彼女はこれによってさらにユニテリアンの間では高い評判を得ることになった。その後も彼女は多くの論文を書き小説もいくつか書いた。彼女は文筆で生活できるようになりたかったのだ。ただその望みがかなえられる機会はなかった。

三　『経済学例解』の執筆とその成功

その頃彼女はたまたま妹が借りてきた『経済学対話』(*Conversation on Political Economy*, 1817)という本を目にした。それは匿名であったが実はジェーン・マーセット(Jane Marcet)という女性の執筆した経済学の入門書であった。ハリエットはこれを読んで経済学のことを初めて知ったのである。そしてまた同時に、彼女が論文の形ですでに発表していた時事問題についての論評が実は経済学の問題に深くかかわるものであることが分かった。そのなかから彼女は新しい発想を得た。それは経済学の内容を小説の形で説明するというアイディアであった。それによって大衆に今必要な経済学の知識を与えようというのであった。彼女がその構想を家で母と弟に話すと、弟はうなずき、母は"Do it!"といった、と彼女は『自伝』(*Autobiograpy*, 1877)の中で書いている。彼女はアダム・スミスの『国富論』をはじめ、マルサスやジェームズ・ミルの著作など経済学の本を続けざまに読んで、それに不満をもった。内容にではない。それは立派な内容をもっている、と彼女は思った。しかし理解しにくい。少なくとも大衆には理解できない。彼女は経済学者は理論と現実の経済現象とをどうして結び付けてうまく説明できないのか、を疑問に思った。読者は簡単な「絵」のように分かりやすい説明を求めているのだ。そう考えた彼女は小説の形を借りて、その中で経済学の内容を具体的な形であきらかにすることを試みようとしたのである。

彼女は早速その実現に動き始めた。ただその構想に賛成してくれる出版社はいくら探してもなかった。手紙で依頼しただけではなく、わざわざロンドンまで出向いて出版社を巡ったが駄目だった。窮状を知って『マンスリ・リポジトリ』の編集者で彼女を指導してくれた恩人でもあるフォックスが、出版社を経営している自分の弟を紹介してくれた。そしてその弟のチャールズ・フォックスは、厳しい条件付きであったが何とか出版を認めてくれたのである。しかしその条件によると最初の二冊がそれぞれ五百部、二週間以内に売れなければ三冊目以降は出さないというものだった。兄のフォックスがその件でジェームズ・ミルに相談したところ、小説の形を借りて説くというやり方では無理だから、普通の教育書のスタイルにした方がいいという忠告を得ていたということも関連があったようだ。彼女は泣く泣くその条件をのむしかなかった。

『経済学例解』（*Illustrations of political economy*, 1832-34）と題されたその小説シリーズ第一冊目が世に出たのは一八三二年である。その一冊目の小説は『未開の生活』と題されアフリカへ入植するイギリスの植民者が原住民たちの攻撃を受けながらその中から自分たちの生活を立て直し自ら労働して得た生産物を交換しながら生活を豊かにしてゆく物語であった。ところがそれが売り出されてから十日もたたないうちに、たちまち増刷するから誤植を直すようにとの連絡が来て、あと矢継ぎ早の増刷の知らせが続いた。ベスト・セラーの誕生である。あっという間に一万部を超えたという。二冊目もそうだった。本の値段も安く、回し読みもしきりに行われて読者は広がった。

彼女は三冊目までしか原稿を用意していなかったので、それ以後、毎月一冊のペースで小説を書き続けなければならなかった。その間、読者からの手紙だけでなく、題材として小説の中に使ってもらおうと送ってくる『ブルー・ブック』（青表紙の政府文書）や雑誌など郵便物が多すぎて、車で運ばなければならないと郵便局長が文句を言ってきたほどだったという。ともあれ一三〇ページ前後の小説を毎月一冊ずつ書き続けるということがいかに大変か想像を絶する。彼女は様々な人間の性格を書き分け、具体的な舞台を想定し、社会環境や経済状況を設定した上で、物語の展開の中で例解されるべき経済学説の要点を生かしていかなくてはならない。しかも彼女はそれぞれの小説の最後に、「要約」（summary）を必ず付けたが、それはその物語の要約ではまったくなくて、そこで明らかにした経済学の内容の学問的な要約なのであった。

ハリエットはその「要約」の執筆が一番大変で、それができればあとは手紙を書くように簡単だったと述べている。それにしても大変な仕事だ。それを休みなく二年続けたのである。素晴らしい仕事ぶりである。「寓話からの教訓」と題された最後の巻は、それまでに書いた小説（寓話）から引き出された経済学的帰結を「教訓」として説こうとしたもので、理論的というよりむしろ長期的な展望として描いている。この巻を最後にして全二五冊を出して、彼女の『経済学例解』は終わったが、実はその続編『救貧法及び貧民の例解』（*Poor Law and Paupers Illustrated*, 1833）、『租税例解』（*Illustrations of Taxation*, 1834）のシリーズも続けて、あるいは並行して、執筆していたのである。実に驚くべき筆力であり驚嘆すべき集中力であるといわなくてはならない。

彼女は「私の人生の不幸の中で、最大の助けと慰めになったことは、働くことのなかに、それも私によいことだけをしてくれる知的労働の中に、あった」（『自伝』P.59）と述べている。彼女は働きすぎだと言われることに我慢がならなかったといわれているが、仮にそうであってもそれはやらなければならなかったからやっただけのことである。彼女のモットーは自己抑制であった。その厳しい集中力と義務感そして勤勉な努力があったからこそ彼女は成功を収めることができたのである。誰も予想しなかったことだが、彼女は時代の寵児になった。あらゆる場所で彼女は引っ張りだこになった。原稿執筆に追われながらそれの全精力を使ったわけではなく、迎えに来る馬車に乗ってしばしば社交的なパーティにも出席するという余裕さえも示したのである。彼女の驚異的な努力あって今やその文学的成功は社会的成功にまで発展したのであった。

即位する前のヴィクトリア王女はハリエットのその本に夢中で毎号その愛読者だったという証言がある。新聞などの好意的な書評や大衆的人気もさることながら、大臣などの政治家もその物語の中に自分たちの政治的施策を取り込んでくれるように頼みこんでくる始末であった。サー・ロバート・ピールは個人的に激励の手紙をハリエットに送り、ブルーム卿はあちこちに配布するために大変な部数を買い込んだといわれる。あるいはまた、マーティーノゥの政治的批判の鋭さを恐れて口封じのために、彼女に二百ポンドの終身年金を支給するという政府のアイディアも浮上した。しかし彼女はその申し出を無視した。そして従来通りの方針で書き続けた。コールリッジのような文学者も愛読しファンになったたし、フローレンス・ナイティンゲールも賞賛の言葉を送ったと言われる。ちなみにナイティンゲールの陸軍病院改革をのち文筆で支援したのは彼女である。二人は社会的改革の同志となった。

経済学者でもあったJ・S・ミルは専門家的視点から批判もしたが、評価することも忘れていない。もちろん経済の話は飛ばしてその物語の小説としての独自の展開の面白さに満足した読者もたくさんいたようだ。いずれにしても当初の予想とは違ってその『経済学例解』の評判は、そしてそれに続く『例解』のシリーズの評判は上々であったのである。はじめその企画の無謀さを指摘していたジェームズ・ミルも彼女の『自伝』によれば、ハリエットに予想の誤りをのちに詫びている。ハリエットは完全に勝利したのだ。彼女はこれで二千ポンド以上といわれるかなりの収入を得ることができた。当時としては、おそらく文筆で自立しえた最初の女性作家であろう。シャーロット・ブロンテが匿名で発表した『ジェーン・エア』で成功し、毎年百ポンドの所得を五年間得ることになってびっくりするという有名な話はその少しあとのことである。

ハリエット・マーティーノゥはその後、言論・ジャーナリズムの世界において女性として確固たる地位を築き上げ、とくに先の *The Daily News* のコラムニストとして健筆をふるい、その時代に大きな社会的な影響力を持つ存在になっていくのである。

四　『経済学例解』の人気の秘密

それではハリエット・マーティーノゥの『経済学例解』がなぜこれほどまでの成功を見たのであろうか。何といってもそれはそれが小説として面白かったからに相違ない。しかもそこには経済の問題につて考える糸口さえ書き加えられている。彼女は自らが依拠したジェームズ・ミルの『経済学綱要』（*Elements of Political Economy*, 1821）に従ってその対象を生産、分配、交換、消費の四分野に分け、それぞれについて小説の題材を振り分けて執筆した。例えば、「未開の生活」と題された第一冊目では、彼女はアフリカに移住したイギリス人の集団移民が原住民に襲われてすべてを失いながら、やがてその痛手から立ち直りつつ各自労働に従事して自分の作った生産物をその生産に要した労働の量によって交換する体制を作り出していくという関係を通じて、労働価値説の成立の根幹を描こうとしている。ただそれはあくまでも物語の中で間接的に語られるだけだ。経済学を説明したわけではない。あくまでも小説であり、そのように読まれるべきものであった。経済学の話はただ読者の側でどう感じるかの問題であって、経済の話題が混ざるのが面白いと感じた人もいたかもしれないが、それを煩わしいと思った人もいただろう。少なくとも大部分の人々は、そういう小説を読むことで経済学を積極的に学ぼうとは多分考えなかったであろう。またマーティーノゥもそこまでは考えなかったろう。

経済学の理解のためにはその小説をそれぞれ全部読まなければならないからだ。経済学の庶民への教化という本来の意図はともかく内心ではただ自然に小説の中に含まれる経済学の話題に気付いてくれればいいと考えたのではないか。彼女の小説の中にあらわれる人物像は、たとえ経済学の問題の展開に制約された部分があったとしても、まさに当時の時代的特徴を生き生きと表現していたはずなのである。今まで聞いたこともない新しい世界に、新しく出現した様々な階層の様々な職業の人間が、これまた新しく引き起こされる社会問題に翻弄されながらも、巧みにその中で動き回るのである。今までの小説とはだいぶ趣きが違う。面白くなければ読むはずはない。面白いから読むのである。そういう点でマーティーノゥが小説の題材の幅を大きく広げたことは間違いない。ギャスケルなどに与えた影響もあるかもしれない。

実際、マーティーノゥの『例解』の中にヴィクトリア王女が好んだといわれる「ガーヴェロッホのエラ」という小説があるが、大衆的人気を集めたのも無理ないと感じられる。『例解』の五番目の作品だ。エラという女主人公の魅力のためか我が国の英文学者がよく取り上げている。これはスコットランドの北の海に浮かぶ小島ガーヴェロッホに住む貧しい漁民とも農民ともつかぬ人々の生活を恋愛模様を交えながら描いたものだが、主題は市場経済のより積極的な導入による経済の発展と生活の向上であり、他方での島の経済の豊かさをもたらす農業の生産性の向上であり、その根拠となる優良地の耕作の論理的意味とその名称はもちろんまだ使っていないが事実上の差額地代の説明である。

当時の経済学の体系的意義づけから言えば、それは分配論にあたっているので、その地代論こそがこの第五話での重要な経済学的な課題というべきであろう。確かに啓蒙的な不在地主が島にやってきて優良地の耕作が高い地代の支払いを必要にしても借地耕作者はその残余の生産物をより多く取得できるから有利になるとエラに説く話は、全体の動きの速い展開にとってはそれほど印象に残るものとは言えない。それよりも両親を失って残された障害児をも含む兄弟たちを健気にも育て懸命に生きる長女のエラの存在が大きく印象づけられて、かつてその島から外国に渡り戻ってきた若い男との恋愛そして結婚に至る波乱に満ちた過程が多くの読者の興味を引きつけたに違いない。それは新しい小説スタイルの出現であったのかもしれない。

そこが同じ経済学の啓蒙書としてマーセットの『経済学対話』とは違っていたと思う。マーセットの『経済学対話』はガヴァナス（女性の住み込みの家庭教師）と思われる女性とキャロラインという女の子との対話を通じて経済学の大要を教え込もうという意図で書かれている。あくまでも経済学の教科書である。しかしマーティーノゥの『経済学例解』は小説の中で現実の素材の中に経済の動きを示してその理屈をあきらかにしようとするのである。現実の動きの中にある法則的な動きを示し、その概念を明らかにしておこうとしていたのである。マーティーノゥの本来の意図はそこにあったのかもしれないが、その意図を満足させるためには全体を読み通さなければならない。経済学のごく一部の範囲しか扱えない一篇の小説として一つ一つを執筆していく限り、小説家としての文学的資質が先にストーリー展開の中に躍り出てきて、その面での完結性が経済学の部分的解説より先に立つ可能性が高い。必ずしもそれと明確に理由づけるわけにはいかないが、彼女のこの一連の小説の中で時に経済学の論理の曖昧さが指摘されることがあるとすれば、そういう理由によるのかもしれないし、そうであっても無理からぬことでもある。実際、その小説群の中でマーティーノゥは極めて魅力的な人物をたくさん創造しているし、聴覚の制約というものがあるにもかかわらず彼女は言葉に表される人間の性格の本質を鋭くとらえ、文学的にその微妙さに迫ることができたのは驚くしかない。

ハリエットの弟のジェームズは、「姉の観察力は驚異的だった」（F.Penwick Miller, *Harriet Martineau*, 1884 p.85）と述べていたそうだが、彼女の聴覚の制約の問題一つをとってみても、ミラーがいっているように、「その小説の性格描写の卓越」があるからこそ「他の才能の開発によって相殺される以上のもの」（Miller. p.86）を感じさせる理由になっているといえそうだ。しかも小説としてのレヴェルはあとになればなるほど確実に向上しているとミラーは断言している。

そして『経済学例解』に続く他の『例解』シリーズの中には、一方で政策の巧みな解説として際立っているものがある半面、題材の面白さの不足にもかかわらず、小説としてはずっと出来映えが良いものがあるとミラーは言う。

ブルーム卿も想像以上の素晴らしい出来とたたえたし、ホイットリ大司教も別のシリーズにある「教区」という小説を彼女の最も素晴らしい小説として激賞したと伝えられる。題材への依存からむしろ開放されて小説としての純粋の評価さえ生まれていたといえるのである。マーティーノゥの小説家としての評価が、経済学を取り込んだせいでかえって逆に不当に低く抑えられていることになっているようにみえるのは、はなはだしく残念なことのようにも思われてくるのである。しかし本来の趣旨からは個々の小説の出来栄えより、全部を読み通して経済学の輪郭をつかみその法則性を理解することでなければならなかったはずである。そこにもむずかしい課題があった。

五　時代を先取りするマーティーノゥと女性文学者たち

そのことでは逆の関係もでてくる。マーティーノゥは若い時からいくつかの小説も書いているが、本格的には、『経済学例解』を書いたのちに書いた『ディアブルック』(Deerbrook,3vols. 1839) という小説がある。これははじめから小説として執筆されたが、当時の中産階級に属する女性およびその相手となる医者の男性の生活の社会的背景が色濃く出ていて、またその中産階級の人物らしい自己抑制的な態度、その倫理観のようなものを理解しないと、本質的な意味でヒロインを支える、いわばこの小説の倫理的な支柱をなす足に障害をもつ「ガヴァネス」の役割をも十分理解できない構造になっており、表と裏の関係がはるかに文学的に内面化されているにしても、『経済学例解』の小説群とはちょうど表裏が逆の関係になっているという印象を受ける。変化しつつあった時代の社会背景が小説の人物に深い印象を与える構造になっている。あるいはそれは女性の単なるlove（愛）を超えてそのpassion（欲望）を問題にしていく過程の視点であり、純愛から許されざる不倫の愛への主題の変貌でもあり、それをめぐる倫理的緊張感の形成でもある。これは有名人となった後のマーティーノゥの最初の小説であったが、世間的にはあまり評判にはならなかった。しかし当時の女性の小説家は一様にこの作品を絶賛したという。ここではシャーロット・ブロンテ、エリザベス・ギャスケル、ジョージ・エリオットのことを念頭に置いている。それは多分彼女の小説にみられる中産階級の女性の自立とそれに伴う精神的葛藤が新しい作家たちの意識に共鳴したためであろう。これこそまさに『女性と文学』（*Literary Women-The great writers*, 1963）の著者エレン・モアズ（Ellen Moers）のいうヒロイニズム（Heroinism）の表出ではないだろうか。

例えばこういう話がある。そこにはマーティーノゥの当時の立ち位置が明らかに示されているといってよい。

シャーロット・ブロンテはかねて『ジェーン・エア』をカラー・ベル（Currer Bell）という男

性名で出版していたが、評判になって以後、本名を出すことを出版社に求めてそれが一般に漏れ始めていた。マーティーノゥはその噂を耳にした頃、ブロンテに既刊の『ディアブルック』を贈呈したということがあった。マーティーノゥはブロンテの『ジェーン・エア』を読んで、まるで自分の体験を知っている者が書いているようだと語ったことがある。彼女がそれを高く評価したことに間違いない。ブロンテの方もマーティーノゥの小説の中の女主人公が中産階級の女性として描かれていることにいたく共鳴した。ブロンテはその感激を記したカラー署名の手紙をマーティーノゥ宛に送り、自分の人生観を変えたほどのマーティーノゥの作品から受けた影響に対する大きな満足への感謝のしるしとして新作『シャーリー』（カラー〔実はブロンテ〕の第二作）を贈呈したのである。『シャーリー』はヨークシャーの紡績工場の労働争議を描いたものだから、マーティーノゥの問題意識に近いものがあった。

その手紙には書き手の自分を「彼女」と書いて「彼」に直したりする不自然さがあり、その手紙を受け取ったマーティーノゥと彼女の寄留先の人たちはそれが男のものか女のものか議論したが、マーティーノゥはそれが男でなく女の手紙であると判断した。その一か月後マーティーノゥが別の友人宅に住居を移してから、たまたまそれが自身の滞在していたロンドンの寄宿先と近いことを知ったブロンテは、マーティーノゥに会いたいという気持ちを抑えきれず、勇気を出して訪問の希望を書いた手紙をメッセンジャーに託してマーティーノゥに届けたのである。その手紙もカラー・ベルを名乗っていたが、シャーロット・ブロンテ本人であることを見抜いたマーティーノゥは、「親愛なるマダム」と書き始めながら、紳士につける敬称Esq.をあえて宛名に付して来訪承諾の返事をしたためたのだった。喜んだシャロットが直ぐやってきたことは言うまでもない。その来訪後から二人は急速に親しい友となった。その出会いも、マーティーノゥが小説『ディアブルック』で描いた、上流のお嬢さんではなくて親を失って他家に移り住み健気に生きる中産階級の姉妹が、男性との愛情と対立、また愛してならないものを愛するという人間的苦悩の中で、なお純粋に生きて恋愛を達成し結婚に至る姿に強く共感したためであったろう。

確かにブロンテ自身、ジェーン・オースティンが描いているような小説の舞台を嫌悪していた。オースティンはブロンテ同様牧師の娘で、母のいないさびしい環境で育ったブロンテと違って賑やかな家庭環境の中で育ってはいたものの決して裕福ではなかったが、小説の中で描く舞台は安定した裕福な地主の支配する田園の上流社会をめぐるものであった。オースティンから一世代あとの階級関係の変化の激しい時期のブロンテの読者がまさにその変化のただなかにいた中層中産階級であり、女性が多かったことは当然予想されるのであって、従来の、例えばオースティンの小説の女主人公にみられるような大地主の上流家庭のお嬢さん、あるいはそれに準ずる中流上層(upper middle class)のお金持ちのお嬢さん、あるいはお坊ちゃんではない普通の娘が、小説の中でヒロインとして苦難を乗り越え積極的に生きようと努力する姿に対する共感こそ、ブロンテの小説『ジェーン・エア』に対する賛辞となって現れたはずである。

実際、当時の男性の迫害にも負けず女性の自立を目指す意識が滲み出た、女性の情念のあふれた作品であったからこそ時代の共感を得たに相違ない。ブロンテとマーティーノゥは相互に尊敬しあった。もちろんブロンテはマーティーノゥの長所も短所もよく理解していた。「冷酷であると同時に愛情があり、無愛想である同時に愛情深く、横暴です。彼女は自分自身の絶対主義を少しも意識していないらしいのです。そのことを彼女に話すと、彼女はそんなことはないと熱心に否定します。私はそれで彼女のことを笑ってしまうのです」（ギャスケル『シャーロット・ブロンテの生涯』（*Life of Charlotte Brontë*, 1857）中岡洋訳、五五八頁）というのはシャロットのマーティーノゥ評である。彼女とは意見は必ずしも合わないが、それでも彼女はブロンテにとってもっとも誠実でもっとも尊敬すべき先輩だったのである。

ただあるとすれば次第に顕著になるマーティーノゥの無神論的傾向に対するシャロットの怖れであろう。アトキンソンとマーティーノゥが共著で書いた『人間の性質と発展の法則に関する書簡』（*Letters on the laws of man's nature and development* By Henry G.Atkinson and H.Martineau, 1851）は唯物論的、無神論的な主張で当時、悪評を浴びた書物であった。シャロットは当惑しながらも理解しようとしてできなかったものである。『ジェーン・エア』の成功によってフェミニズムの先頭に立つかに見えたシャロットであったが、マーティーノゥの極端な先進性についていけなかったことも事実である。

ともあれ二人は親友になっていた。シャロットのマーティーノゥに対する強い尊敬と信頼があったからである。のちマーティーノゥより年下であったにもかかわらず先に死んでしまった友人シャーロット・ブロンテのために、"Currer Bell is dead !"で始まる、厳しい境遇に育った天才の早すぎる死に対する、惜別の情にあふれ、しかも感傷的にならず客観的で包容力のある温情に満ちた追悼記事を、マーティーノゥは*Daily News*に寄稿している。〈その追悼文はのちマーティーノゥが書いた他の多くの追悼文と一緒に『略伝記』（*Biographical Sketches*, 1869）にまとめられた〉。ただ、ブロンテの最後の小説『ヴィレット』に対してマーティーノゥが仮借のない厳しい批評を下したことで二人の友情が途切れてしまったままブロンテは死んだのだった。しかもそのことでマーティーノゥを糾弾する友人に、ブロンテがマーティーノゥを責めないでくれと擁護した事実を、マーティーノゥは知らないで、それを書いているということにもある感慨を覚えざるを得ないのである。マーティーノゥは自分の作品に欠陥があったらぜひ遠慮なく指摘してほしいと頼んできた若い友人のブロンテが、自分の率直な印象を綴った批評を読んでから一方的に接触を拒んできたことにむしろ当惑していたのであった。

二人の間に口論があったわけではないし、誤解があったわけでもない、とマーティーノゥは語っている。しかしマーティーノゥは自己規律を重視して自己憐憫を認めなかった人だ。他方シャロットはその時姉妹のすべてを失い孤独のどん底で、自らの悲惨な過去を題材にして書いたのが『ヴィレット』だったのである。信頼する友人に厳しく批判されたことが彼女の気持ちをさらに追い詰め苦しめたことは事実だろう。ギャスケルによれば「たんなる技術的欠陥よりも一層深く突き刺さる非難を表現し、身にこたえるほど彼女を傷つけた」（前掲、『ブロンテの生涯』、六四四頁)。にもかかわらず「このように無意識の内に彼女を傷つけてしまったマーティーノゥを愛していたのである」。前記のブロンテのマーティーノゥをなお擁護する手紙を引用しながら、「何とやさしい誠実な言葉であろう」(前掲、六四八頁)とギャスケルはブロンテへの感想を綴っている。

なお、ちなみに『ジェーン・エア』は現在では、ヴィクトリア時代の女性に浸透していた女性の隷属への怒りの比喩的表現の第一の源泉と評されているものである。ルソーの『エミール』においてさえ男性の言いなりになる優しさと穏やかな盲従しか女性に要求されない現実を否定したウールストンクラーフトの期待に応えて、ブロンテの『ジェーン・エア』は登場したとみていいだろう。実際、その小説の主人公ジェーンは最後に破滅し打ちひしがれた相手の男性に対して優越をもって手を差し伸べたのであった。

確かに、ブロンテやマーティーノゥ以降、女性の書く小説の中の女主人公はただ美しいだけのお嬢さんではなく、当時の家父長制の支配下の困難の中でなお自立を求めるセクシュアリティに満ちた意識的な女性に変身を遂げていたのだ。一般の家庭では女性の隷属は持続していたにせよ女性小説家の意識はすでにそこまで進んでいたのである。ブロンテやギャスケルあるいはエリオットなどにその道筋を示しつつ、マーティーノゥは小説家としてはまさに時代を先取りしていたと理解すべきなのだ。まさに松本三枝子氏がその精力的なマーティーノゥの文学作品研究の中でつとに指摘されていたことに重なる。それはフェミニズムとして現われる女性の自立への願望がいち早く小説の形で内面化されて登場してきたものにほかならない。

ただそれにしてもマーティーノゥが当時やっと認められるようになってきた女性の（職業的？）小説家として次々に小説を書く小説家としての活動をしていたわけでなく、前にも書いたように社会評論家とかジャーナリストあるいはコラムニストとして多面的な活躍をしていたために、小説家としての注目度は低かったということも考えられよう。実際、二年後に発表された彼女の次の小説は、「歴史的ロマンス」という副題をもつ『時間と人』（*The Hour and the man*, 2vols. 1841）という小説であった。それは実在の黒人指導者の活躍をフィクションとして描いたものであって、前作とは全く趣を異にするものである。しかもそれも売れなかったらしい。とは言えそれも彼女の文学の特徴を色濃く示すものであることにも間違いはないであろう。

にもかかわらず問題なのは『経済学例解』が小説とも経済学の啓蒙書ともつかない曖昧な位置づけで出発したことが、彼女を一躍時代の寵児にしながらも、経済学者としては単なる解説者にすぎないのだから当然のこととして、また逆に小説家としては純粋な小説ではない異色の小説であったために、正当に評価されない不運な小説家の誕生に導いたのかもしれないのだ。実際彼女の小説『ディアブルック』はベスト・セラーにはならなかった。その後の小説も同じだった。つまり小説家としては彼女は大衆的には成功したとは言えなかったのだ。大いに期待されたにもかかわらず、『ディアブルック』は完全に期待外れであり、「彼女の全作品の中でもっとも説得力のない（weakest）ものだ」（Miller, p.110）と、ミラーも書いているほどだ。ミラーはもちろんその作品があらゆる点で凡百の小説に勝るとは言うのだが、大衆受けしなかったという。彼女もさすがにマーティーノウのこの小説に与えた革新性についていけなかったのではないか。彼女による小説のプロットの解説には不自然さの指摘よりもむしろ倫理的批判が意図されているように思われる。そして興味深いことにはミラーはこの小説が成功しなかった理由として、『例解』シリーズで十分熟達していたはずの小説プロットの設定での失敗があったことを指摘していることだ。

ともあれ彼女はすでに多方面で活躍しており、特に新聞の女性のコラムニストとしては極めて評価の高い存在感を示しており、その女性文筆家や女性活動家との緊密なネットワークも健在であった。しかし彼女が文学者として十九世紀イギリス文学史の中で作家としては不当に軽視されてきた理由もまた、彼女の小説の内容の先見性に対する時代の理解の未成熟さもさることながら、彼女が時代のジャーナリストとしての活躍そのものにあったようにも考えられるのである。

ともあれマーティーノゥが長く忘れられた存在だったにしても、彼女の成功の跡は経済学や文学の領域にかなり広く残されていたことは事実であって、それは最近のマーティーノゥの復活が生じる前から話題の種にはなっていた。そのことが今日のマーティーノゥの再評価につながる材料になっていることは想像できよう。そういう仕事を成し遂げた彼女の全体像を改めて見直していく中で、彼女の個々の業績が改めて吟味され彼女のフェミニストとしての再評価にもつながってきていると考えることができる。

六　『経済学例解』の役割とその評価

もちろん文学者としての彼女の評価は我々にできることではないし、その評価は英文学者に任せるしかない。またさまざまな問題についての彼女の論評は、今日、社会学的な貢献といわれている。その点も別の評価が必要であろう。ただ我々に出来るのは彼女の果たした経済学の面での役割であり評価でなくてはならない。ところがその点ではマーティーノゥ自身が自らの役割を初めから限定している。彼女自身自分には経済学を発展させるつもりもないし、そのような能力もないと宣言しているからだ。むしろ大衆への啓蒙活動こそが自らの使命であると割り切っていたのである。実際、彼女は自分自身を、発明や発見はできないが、それを世間に広く知らせる(popularize)ことはできる人間であった、と自らの仮想「死亡録」の中で謙虚に語っている。ヘンダソンも言っているように、「彼女の目的は、一般に考えられているような経済学の原理を人々に教え込み、それをアカデミックな教科書を読みたがらないような人々に役立つように翻案することだった」(Willie Henderson, *Economics as Literature*, 1995, p.84)のである。

しかも彼女はそれを自分の好きな文学としても描こうとした。文学としての独自な展開と経済学から来る要請とがうまく折り合えば、すぐれた作品にもなる。当時の識者が言っているように文学として高く評価されるべき作品も多々あるいと言ってよいであろう。そしてまた同時に大衆に経済学についての蒙を啓く役割も演じたのであった。社会的な影響力という点ではそちらの方が狭い文学的な評価よりも圧倒的だったのであろう。そのことが文学者としての評価を低め、経済学の啓蒙家としての存在感は大きかったものの一時的にとどまり、間もなく忘れさられた、ということだったのであろう。さらにヴィクトリア時代の標準的な道徳観からすれば、フェミニスト的な彼女の発言や行動そのものが好ましいものとは受け入れなかったことにもその原因があったことも考えられる。そういう点では不幸だったといえるのかもしれない。

実際、マーティーノゥの主張にひそむ社会的倫理性は単なるフェミニズムを超えて際立っている。行動でもそうだ。彼女の『経済学例解』の評判につけ入ろうとする政治家たちが多かったことは先にも触れた。政府はマーティーノゥの著書の果たした貢献に報いるという形で、彼女に終身年金二百ポンド支払うという極めて政治的配慮に基づいた申し出をするのだが、彼女は黙殺している。彼女の著作を高く評価していたロシア皇帝やフランス皇帝が翻訳などを通して自国の国民に読ませようとするのだが、途中で突然それを禁書にしてしまったのも彼女の強い民主的主張が民衆に与える影響をおそれたためであった。そして彼女は彼女の思う通りに書き続けたのである。しばらくたって政府はまた再度年金の授与を提案してきた。彼女は応ぜず次のように述べたという。自分の欲しいものはわずかだし、生活は簡素だ。お金は今のところ十分足りている。そもそも年金なるものは不公平である。豊かな生活をしている人たちに与えられていて、まじめに働きながら低い賃金しかもらえない人たちが忘れられているからだ。もし自分が年老いて介護してもらう必要がもし生じたとしても、他の年老いた女性たちと同じように教区で救貧法の世話になるだけの話である、と。

さて、翻って考えてみるに、彼女が考えていた以上に経済学に対する貢献は大きかったと言えるのである。彼女は意識していなかったにしても、理論と現実との橋渡しを行なおうとしていたのである。それは従来の古典派の経済学に欠けていた。それを彼女は感覚的にとらえていたものの、方法的に論じることはできなかったが、少なくとも内容的にはそのことを問題にしていた。彼女が依拠したジェームズ・ミルの経済学（『経済学要綱』）は当時の支配的な経済学であるリカードの経済学の解説書であった。ベンタム主義者でもあったジェームズ・ミルの経済学は演繹的展開を目指しており、ユニタリアンの合理主義的思考を身に着けていたハリエットには理解しやすかったに相違ないし、マルサス主義を取り込んでいるその経済学も主体的判断を重んじるハリエットのようなユニタリアンには馴染みあるものになりえたのであろう。そしてベンタム主義の実践的改革とユニテリアンの合理主義的思考は現実の問題への理論の適応をこそ、その問題意識に置いたに相違ない。その点で彼女はリカード経済学の普及という功績を担うと同時に、さらにその方法的発展に向けての大きな可能性を秘めていたということもできるのである。

名高い経済学史家ブロウグはその『リカード派の経済学』（*Ricardian Economics*, 1958）という本の中で「文学として読まれた経済学」という表題の一章を設け、マーティーノゥの経済学への貢献について論じている。それまでの経済学者には見られなかったマーティーノゥへのかなり詳しい言及であり、マーティーノゥ自らが意識しなかった積極的な貢献にも触れている。とはいえ経済学の問題を題材にしたからといってマーティーノゥの小説が「文学として読まれた経済学」というように表現することが適切とはいえないのではないのではないか。人間の多様な個性を作家が創造していく文学と経済の普遍的な法則性を客観的に解明しようとする経済学とが、いかなる意味でも等置されるような基準はあり得ないからである。つまり文学は文学としての評価しかないし、経済学であれば経済学から見た評価しかないからである。経済学の内容が小説の形で出現したことが世間の話題になったことが事実であったとしても、その点は誤解されてはならないのである。

七　結びに代えて

いずれにしても、まだ知られることの少なかったハリエット・マーティーノゥの再評価は始まったばかりである。十九世紀のフェミニズムの旗手の一人としてその先駆的業績を評価する動きは、二十世紀末からアメリカやイギリスを中心として盛り上がりを見せている。いままで「社会小説」の名のもとに若干の注目を浴びていたとはいえ、イギリス十九世紀の文学史の中では異色の文学者として名が挙がることはあっても、ほとんど無視されていたに等しい。例えばたまたま覗き見たPaul Turnerという人の『一八三二年から一八九〇年までのイギリス文学』(*English Literature 1832-1890*, 1989) という本には、マコーレイやJ・S・ミルと一緒に一巻を与えられていてなるほどとは思うが、これもたまたま図書館の書架で開いたErnest A.Bakerの『イギリス小説史』（*The History of English Novel*, 1950）などを覗くと、マーティーノゥの『経済学例解』は「小説というよりむしろ商売しているたちの教科書だった」と書かれている。

これらはその小説が経済学の普及という立場で書かれたものという理解に立っているもののように思われる。唯一、例外はカザミアンの『イギリスの社会小説』（Louis Cazamian, *Le Roman Socialen Angleterre - 1830-1850*, 1903）であって、その中でマーティーノゥは社会小説の登場の前段階の功利主義の問題小説の作家として扱われている。それは珍しい例だが、その見解を継ぐ者は見られない。したがってマーティーノゥは無視され続けていたといっていいだろう。それが近年の彼女のフェミニストとしての評価の高まりに乗って小説も『自伝』も復刊され、研究の対象に取り上げられるようになってきた。その小説としての再評価、評価の本格的な復活も近いと思われる。

経済学についていえば、前にも指摘したことがあるが、最近の経済学史の書物、少なくとも英語で書かれたものにはしばしばハリエット・マーティーノゥの名が登場する。先にケインズによって道徳哲学の系譜をひくものとして注目されたマーティーノゥは今ではリカード派の経済学者の普及に貢献した者として一般に位置付けられる存在となっている。しかし『例解』シリーズの完全な解読が我が国で経済学の側面からまだ十分に行われたとは到底言えない状況が続いているので、まさに研究が始まったばかりともいえるのである。彼女は経済や政治や社会に関する興味を生涯失うことはなかったが、学問としての経済学の理論についての興味は『例解』シリーズの終刊をもって消え、あとは、経済や政治の現実の問題をも含め、社会的な多方面での文筆を通した評論家としての活躍で大いに名を残すことになる。

彼女の関心は極めて同時代的なものであった。そのことが彼女が経済学の理論の歴史の中で取り残される理由でもあるだろう。実際また彼女の作品が古典にならなかったのは、その著作があまりにその時代に密着しすぎていたためだというハバード（Elbert Hubbard, *Little Journeys to the Homes of Famous Women*, 1897）のような理解もある。その場合もなぜか彼女のコントの論文の編集翻訳の仕事だけは例外的に評価していたのは興味深い。ともあれ、まだ研究の進んでいない「女性労働」や「家庭教育」などについての浩瀚な論考、性差別、人種問題などに対する鋭い指摘などを含めて、どの面からしても彼女の研究は緒に就いたばかりである。外国では最初の女性社会学者という評もあるくらいである。イギリスのフェミニズムの歴史の中でのマーティーノゥへの関心がようやくみられるようになりつつあるとしても、日本での最近のマーティーノゥ研究への関心がなぜ経済学や英文学の領域から始まったか、の理由もとりあえず理解されたのではないかと思う。当然マーティーノゥのフェミニストとしての活躍についての研究にもさらなる展望が広がるだけでなく、その中には興味ある鋭い論点も出てくるはずである。今後の内外のマーティーノゥ研究の進展に期待されるところは大きい。

【補注】利用した文献は原則として文中に記載したが、それ以外のものについて付け加えておく。

上宮正一郎「H・マルティノゥと経済学」『国民経済雑誌』一七三巻四号一九九六年
上宮正一郎「マルティノゥーと人口学説―『ガルブリッジ島の幸福と災難』を読む」『国民経済雑誌』一八五巻四号二〇〇二年
上宮正一郎「マーセットとマーティーノ」、永井義雄・柳田芳伸編『マルサス人口論の国際的展開』昭和堂二〇一一年所収
船木恵子「経済学史におけるハリエット・マーティーノゥ『経済学例解』」、『武蔵大学総合研究所紀要』一六号二〇〇七年
船木恵子「ヴィクトリア時代のフェミニズムにおける経済学の役割」清水、櫻井編『ヴィクトリア時代におけるフェミニズムの勃興と経済学』御茶の水書房二〇一二年、所収
船木恵子「ハリエット・マーティーノゥの『経済学例解』第二五話「多くの寓話のモラル」、『武蔵大学総合研究所紀要』二二号二〇一三年
岸英朗「ガーヴロッホの人びと―ハリエット・マーチノゥおぼえ書き」、『英文学思潮』六一号一九八八年
松本三枝子「Harriet Martineauと家父長制（1）―フェミニストの社会学者が書いた小説Deerbrook」『愛知県立大学外国語学部紀要』三〇号一九九八年、松本三枝子『ヴィクトリア朝女性作家たち』彩流社二〇一二年、所収
松本三枝子「否定された女のセクシュアリティ―ハリエット・マーティノーの『ディアブルック』」玉崎、鈴木、松本他編著『恋愛・結婚・友情―アフラ・バーンからハリエット・マーティノーまで』英宝社、二〇〇〇年、所収
松本三枝子「Illustrations of Political Economyにおける経済学と文学の融合：Ella of Garveloch Weal and Woe in Garveloch」『愛知県立大学大学院国際文化研究科論集』一二号二〇一一年、前掲、松本『ヴィクトリア朝女性作家たち』所収
櫻井毅「マーティーノゥの『経済学例解』（一八三二～三四）の刊行まで」『武蔵大学論集』二〇一巻六三号二〇

〇三年、前掲、清水、櫻井編『ヴィクトリア時代におけるフェミニズムの勃興と経済学』所収

Ⅱ

第6章　大学院入試の面接の記憶

――宇野弘蔵先生との出会い――

面接の経験は数えるほどもない。就職試験を受けた経験がないからであろう。今でも記憶しているのは、戦時中の中学受験のときのもの、そして大学院入試のとき、それに学位取得のときの口述試験であろうか。でも最も印象に残るのは大学院の入試のときのものである。それも本来口述試験というべきものかもしれないが、少なくとも私にとっては、面接といった方が納得がゆく。私はそのとき初めて宇野弘蔵先生にお目に掛ったのである。

ここではその話を書こう。大学院の入試のときの面接は、当初はさして緊張感もなかったのだが、後で考えてみれば、自分の一生の進路がとりあえずそれで決まってくる可能性があるという意味で、私にとって結構深刻なはずであった。

面接は昭和三十年の三月初旬の頃のことだったかと思う。ただその面接の話をするためには私の場合、どうしても時期を数年さかのぼっておく必要がある。

大学院の面接のときより五年以前も前のことになるが、私は武蔵高等学校三年在学中の二学期末の十二月から三学期の二月にかけて何度も高熱を発して病気になり、そのたび何週間も学校を休む羽目になった。大学入学試験の前であったから、授業はあまりなかったかもしれない。いずれにしても受験勉強に忙殺された時期であったはずだが、その時私は高熱の病で呻吟していたのだ。そのあと体調は何とか回復して、三月はじめの大学の入学試験は受験することはできたが合格せず、そのまま昭和二十五年三月末に高校は卒業した。

私の病気は始めは肺炎と聞かされていたが、何度か高熱の発熱を繰り返しているうちに肋膜炎が疑われ、さらに肺浸潤かもしれないといわれたらしい。らしい、というのは私は親から自分の病名についてはっきり聞かされたことはなかったからだ。親は私に詳しく説明することはなぜか避けていたが、要するにそれは肺結核の別名ではないか。当時、通っていた武蔵高校にはその病気の先生がたくさんいた。大分あと私が武蔵大学の学長になって、たまたま古い資料を見ているうちに偶然に知ったのだが、文部省から当時武蔵高校（旧制）は厳しい保健管理上の注意を受けていたのであった。私はまじめな高校生として授業の終わったあと教壇のところへいって先生に質問をしたことが時々あった。その先生方が多く結核であったことがあとで分かり、それがたぶん感染の原因であったかもしれないかと思って結構あとで納得したほどである。

ともあれ私は唯一希望していた大学に合格できず、とても落胆した。学友に対して非常に屈辱的な気持ちだった。今更何の弁解もできず、事実を認めるしかなかった。しかしそれは私の人生を大きく狂わせてしまった。しかもそのときになって不治の病という現実が恐怖になった。奈落に突き落とされた感じだった。先がまったく見えなくなった。

それまで黙って何も言わなかった父は、大学より病気を治すことがなによりも先だ、と強く私に迫って、浪人して再起を期することを認めなかった。ただ私の姉である長女を結核で戦前に亡くし、その辛い気持ちがずっと消えない両親としては、当時まだ死病といわれた結核の怖さがまさに現実であったその頃の状況の下では恐怖心が先にたち、進学のことよりも私にとにかく生きていて欲しいという気持ちの方が大きかったことは、あとになれば実によくわかるのである。いろいろ父との葛藤があったが、武蔵大学というのが丁度できたばかりなのだからそこにとりあえず籍を置かせてもらえばいいじゃないかということで、それだけを最後に認めてくれたのだった。入学はしても、ただ籍を置くだけで通学せず家で静養するという約束であった。それで一時納得したこともあったが、やはり私の気持ちは収まらなかった。そのため翌年進学適性検査だけはこっそり受け、バレて怒られて入学試験はどうしても受けさせてもらえなかった。ともあれ武蔵大学は休学という形ではなかったので、親が認め気が向けば期末の試験ぐらいは時に受けたりもしたが、多分医者は病状を知っていたのであろう、彼らはそれを喜ばず父に厳重に注意したらしい。だから自然、安静の時間をとる以外には特に何をするでもなく家でぶらぶらしていた。体調は特に悪くはなかった。進学した友人は大学に通い、浪人した友人たちは予備校に通っていた。私は何も出来ない自分の本当の事情を悲しくてほとんど誰にも話さなかったし、病気が病気であったので友人とも会うのを避けていた。親に黙ってこっそり友達と外へ遊びに行ったりしたこともないわけではない。でも見つかればひどく怒られた。受験勉強からもまったく離れて集中力を失い、無為に過ごしたその時期のことは、今でも思い出す気にもならない。人生の喪失した数年間であった。実際、そのことは今までも胸中にしまいこんで誰にも話すことがなかった。

病状は非常に悪いというわけではなかったようだが、軽くもなかった様子だし、それになかなか回復の兆しがなかった。父は紹介状をもらってはいわゆる名医といわれる医師に何度も相談に行っていたらしい。ただそのことは父は私には決して話さなかった。実情はだんだん悪くなっていったというべきだったろうか。戦前、いかに近代的な設備を持った富士見のサナトリウムであったとしても、わずか六歳になるかならないかの娘を独りそこにおいて療養させたことへの強い悔恨から、両親は私を療養所にいれずに手元に置きたかったのだと思う。私も本当は家族から離れて療養所に行くべきだったのかもしれないが、意気地がなかったので両親の気持ちに頼って家に安住した。死ぬとは思わなかった。しかし希望もなかった。それでも悩みはひたすら自分で我慢するしかなかった。生きてゆく目的もなくなっていた。

ただ、大学へは行かなかったが、哲学とか、音楽とか、歴史とか、語学など、授業に出ず教科書を読まなくても勝手に答案が書けそうな試験だけは時折興味本位で受けに行ってみた。先生はなじみのある旧制高校時代の先生方や東大の高名な教授が非常勤で講義に来られていた。経済学の勉強はせず、文学書を読み、音楽を聴いたりしていたが、気持ちのはけ口として日記だけは毎日詳しく欠かさず書いていた。また下手な詩を書いたり、音楽評論のようなものを暇に任せてノートに書き連ねたりしたが、誰に見せるでもなかった。人生を語り合う友人がいないことが寂しかった。悲嘆にくれたが病気の自覚に乏しかったこともあって絶望的にはならなかったものの、さりとて将来に楽観的にはなれなかった。中途半端な気持ちで何かをやろうという気持ちにもなれなかった。ただその頃になって新しい治療法や新薬などが少しずつ出てきたこともあって、手術をしなければならないといわれた矢先に、やっと、しかも突然に病気が完治していたことを知った。手術のために精密に検査したら完治していたことが分かったというのが本当のところである。不思議な話だった。無責任な話でもある。腹立たしい話であった。医者も驚いたが、私も驚いた。快癒の理由がはっきりしないので、学会で発表すると医者は言っていた。発症からすでに三年経っていた。治癒の原因はわからなかったが、舞い込んできた幸運がとても嬉しかった。ただそれだけに無為、無気力に過ごした三年間の後悔は何時までもあとに残った。

そのあとから、次の二年間で何とか単位をかき集めて武蔵大学を卒業することにした。必修のゼミの履修のためにはどうしても二年の在学が必要であった。私の選んだ教授のゼミのレヴェルは正直高いとはいえなかったが、その二年間は多少の友人もでき、大学でそれなりに楽しく過ごすことができた。その間に忘れがたい思い出もできた。

でも卒業後のことを考えたとき、病後でもあり卒業しても就職のあてもなく、自分の知識が高校どまりで、大学で学問はもちろん、教養を身につけたという思いもまったくなかったため、少しは学問なるものをのぞいてみたいという気持ちがつのって大学院に入る決心をしたのであった。いまさら新しい大学をもう一度受ける気はなかった。学費の面倒を含めて父は大学院進学を認めてくれた。父は私に自分の創業した櫻井書店という出版の仕事を継いでもらおうとは考えていなかったから、むしろ喜んだと思う。また私はもともと望んで経済学部へ入ったわけではないが、武蔵大学は当時、経済学部しかなかったし、私はそのときそこにしか入る場所がなかったのだった。だから始めから選択の余地はなかった。それに、まったく勉強はしなかったといっても、すでに経済学部に何年間も籍を置いている身として、新たに別の大学の別の学部を受け直すのはいかにも不経済に思われたのである。しかしそれにしても不勉強でほとんど経済学のことを知らないまま、経済学の大学院を受けるというのも、自分でもいかにも突拍子もないことのように思えた。事実上、高校の学力で大学の課程を飛ばして専門の大学院に入るようなものであった。自分に学力がないのは自覚していた。でもほかに思いつく方法がなかった。私はただ専門の勉強がしてみたかった。そのために手がかりになりそうなのは経済学しかなかったのである。

ただ私はどうやって大学院に入る勉強をしてよいか分からなかった。関係ある友人もいなかったし有力な情報を入手できる相手もなかった。出題者の見当もつかなかった。ともかくろくに準備も出来ないまま受けたのが、東京大学の大学院の入試であったのである。ほかに思いつくところもなかった。東京大学の経済の大学院は当時は社会科学研究科という大学院に所属していた。私が受けたのは確かその研究科の中の「理論経済学・経済史学専門課程」というのであった。

学科試験は四科目だったと思うが、まあ何とか通過した。あとは面接ということになって当惑した。準備のしようがなかったからである。入試について事前情報を得られるような知り合いは誰もいなかったし、親切にそれを面倒見てくれる人はもちろんいなかった。誰がどんな質問するかも分からず、無手勝流でいくしかなかった。今考えても無謀であった。

二

それで口述試験ということになった。ここからやっと主題の面接の話になる。面接の試験官は何人いただろうか。はっきりした記憶はない。目の前のテーブルに六、七人ぐらい座っていた印象がある。もちろんその当座は分からなかったが、あとで顔が分かったということもあって、今ではだいたい誰がその面接の席に座っていたかおおよそ見当がついている。もちろん確かめたわけではないが、理論経済学専門課程の山田盛太郎、宇野弘蔵、木村健康、相原茂、宇高基輔、横山正彦、玉野井芳郎あたりの諸先生が並んでいたと思う。唯一、私が面識のあった鈴木鴻一郎先生は、当時は理論担当でなく応用経済学の方の所属であったので、そこには出席されていなかった。

その中で印象に残っているのは木村健康教授と宇野弘蔵教授である。もちろんそのときはお顔を存じ上げないので確実ではなかったが、質問を受けて直感的にそう思ったのである。木村先生は面接資料を見ながら、開口一番、「こんな成績でよく大学院を受けたね」といわれたので極めて印象深い。私はそのとき本当に返答に窮した。実際、私の成績は、これから理論経済学を専攻しようというのに、経済原論１、Ⅱ「良」、経済学史「良」、西洋経済史「良」、経済政策「良」、財政学Ⅰ、Ⅱ「良」で、それに語学は英語もドイツ語もみな「良」ばかりであった。事情があって、授業にまったく出られなかった、というようなことで釈明した記憶がある。事実であるが、それが釈明になっていたかどうかはわからない。多分無理だったろう。でも実際、語学はみな高校時代の顔見知りの先生だったので、試験だけ受けて答案が出来ていれば単位だけはやるということでもらったものだ。ドイツ語は高校時代に習っていて得意な科目であった。休学手続きを取らなかったのが幸いした。正直、受けた試験の成績は悪くなかったらしいので、「優」は規定上出せないといわれたが、「可」や「不可」は一つもなしに済んだのだった。専門の科目も別に授業に出席することが条件であったわけではない。授業に出ずにやる気もないままに試験だけ受けた頃の主要科目の場合と違って、最後の二年間は、やはり授業にはほとんど出席しなかったものの、多少はまじめに取り組んだせいもあって専門科目で「優」をくれた先生もかなりいたのである。それでもそんな言い訳が通用するはずもない。正直、基本的な科目でこんなにひどい成績の受験者は、東大の大学院でも前代未聞だったろう。まして外部の無名の大学からの受験生である。実際、木村健康先生も不愉快そうな表情であった。

三

ともあれ、そういうわけで面接では呆れられたのであるが、私がその場で宇野先生だと信じた先生は、「原論は誰が教えたの」と聞かれた。当時はもう法政大学に移られていたと思うが、私のいた頃は武蔵大学の専任であった渡辺佐平教授が、ご専門の金融論は当時近代経済学の別の先生が講義されていたために、いわば専門外の経済原論を担当されていたのである。私は一回も講義は聞かなかった。期末の試験のとき、駄目とは思ったが、本屋でほかに適当な本がなかったので、宇野弘蔵『経済原論』上・下を買ってきて、それで家で勉強して試験を受けたのである。だから駄目だったのかもしれない。最後のところは省いて、宇野先生に渡辺佐平先生の担当であった旨を話すと、「ほう、渡辺君が原論を教えているのか。それじゃしょうがないよ」と、呵呵大笑されたのである。それは居並ぶ諸先生に私の不出来をかばっていわれているように感じられた。そして宇野先生は続けて「君は『資本論』を読んだかね」とさらに質問された。私は全部は読んでいなかったので、なんと返事をしようかと、しばし困惑した。あまりの不勉強を暴露することになるからである。しかし正直に答える以外ないだろうと思って腹をくくり、「第一巻は読みましたが、二巻、三巻はまだ読んでいません」と答えた。先生はにっこり笑って、「それでいいんだよ。これから読めばいいんだから」といわれた。明らかに私に対する弁護の気持ちのように思われた。他の先生方からもいくつか質問があったような気もするが、覚えていない。その宇野先生のお顔だけが私には後光が差しているように思えた。お顔はまだ存じ上げなかったのだが、あれは宇野先生に違いないと直感的に信じていた。面接の結果、何人かが落ちた。私は幸いにも入学を許された。私を含めて理論専攻で内部選考でなく試験で合格したのは三人だっただろうか。

私は入学後、宇野先生の演習を選び、先生に指導教授をお願いすることになるのだが、それは直接には、面接のときの印象によるものではない。はじめから決めていたからである。ただそれが決定的な重みを加えたことも事実だろう。実際、あの先生の言葉に勇気づけられて宇野先生の演習を選んだとしても間違いなかったし、もちろん何の後悔もなかっただろうと思う。事実、私の一生の進路はまさにそこで確実に決まったのであった。人生にはこういう瞬間もあるのだとつくづく思うのである。

第7章　大学院の指導教授だった宇野弘蔵先生

――宇野弘蔵先生の思い出――

一

私は東京大学の大学院に進学するまで宇野弘蔵先生との面識はなかった。もちろん名前は知っていたし、先生の『経済原論』上下と『経済政策論上巻』は買って持っていた。のち宇野理論と呼ばれるようになるその独自の体系に通じていたわけではなかったが、少し興味があって上記の本は一通りは眺めた。しかし内容が難しかったし、独学ではそれ以上には進めなかった。別な機会にも書いたが、私は高校三年末期から長いあいだ病気で、名目的にそのまま武蔵高校から武蔵大学に入学したが籍をおくだけで授業には出ず、療養中心ということで経済学については勉強らしい勉強はしていなかった。好きな本を読んだり音楽を聴いたりの自堕落の生活だった。講義にはまったく出なかったが、ただ時たま気が向いた科目の試験だけは受けたりしていた。そんなことが許されたのも、先生方に旧制高校時代の先生が多く、以前からの顔なじみだったせいもある。私は英語やドイツ語など語学や文学は外国、日本を問わず好きだったが経済学には興味がなく、せいぜい試験のためにマルクス経済学の解説書を何冊か読んだだけである。ただスターリンのマルクス・レーニン主義関係の文献が分かりやすくその著作を比較的よく読み、さらにそこからマルクス主義の芸術論にかぶれ、その関係の書籍はいくらか読んだが、それも低い水準にとどまっていた。経済学の本はリカードの『経済学原理』を比較的丹念に原書で読んだのが唯一の例外で、これだけがただ一つ自慢できる経済学の知識だった。

大学に顔を出すこともめったになかったので親しく話ができる友人もおらず、まして教授に知り合いはいなかった。だから病気がやっと回復し経済理論の専攻で大学院を受けようと思ったときには、誰の助けもなく、準備するにも何から手をつけていいのか分からず正直途方にくれた。経済学の学派の違いもあまりよく知らなかったほどだ。当然、不十分な準備しかできなかったが、無事、学科試験を乗り切り口述試験も何とか通過することができたのは、ただ運がよかったと考えるほかにない。口述試験のとき、宇野先生が何故か初対面で不出来な私に比較的好意的だったような気もしたが、理由もないし私の勝手な思い込みであろう。いま考えてみても私は健康を害していたというのを口実にして、何の努力もせず実にいい加減な真剣みに欠けた生き方しかしていなかった怠惰な人間であったと思う。医者の注意を無視して演劇を見たり映画に熱中したり音楽会へ行ったりの安逸な生活であった。でも気を入れなおして何とか研究者として一人前らしい顔ができるようになれたのは、いつにかかって大学院での宇野先生との邂逅にあったためだと信じている。宇野先生には大学院の入学試験の折の口述試験で始めてお会いしたのだったが、そういう尊敬すべき恩師になる人に偶々出会い、親しく教えを受ける機会をうることができたということは、いま考えても本当に恵まれた人生だったとつくづく思うのである。

いろいろな意味で大学生活に未経験の私は、宇野先生の最初の演習の時間にはとても緊張した。最初どうだったか記憶はないが、大学院の授業では宇野先生はいつも小脇に本を抱えて演習室に入ってこられた。とても威厳のあるお顔で入ってこられるのが常であったが、最初は特にその印象はつよかった。しかしその恐ろしいお顔も院生たちと会話が始まるともう途端に柔和でユーモアのある快活な態度に変わってしまうのであった。先生は演習が始まる前はあまり雑談はされなかったのではないか、と記憶するが、その記憶も今になるとかなり怪しくなっている。雑談はあったかもしれない。雑談だけで演習のテーマに入れなかった時もあったように思えてくる。ともあれ堅苦しい雰囲気はなかったと思う。五月一日のメーデーの日はいつも休みにしていたのは今でもはっきり覚えている。

宇野演習では院生がテキストを一節づつ読み上げて、その取り上げた一節をめぐって徹底的に議論するというスタイルが一般的であった。『資本論』の場合がそうであったし、日本で発売されて間もないマルクスの*Grundrisse der Kritik der politischen Ökonomie*をテキストに選んだ時も原文で一節づつ読み上げた。もちろん報告者が独自に自分の報告する場合もあったし、私も自分の論文の報告を担当したこともあったが、それは後で触れよう。

宇野先生の演習には学外からも多くの研究者、学者たちが折々に参加していた。年々顔ぶれは異にしていたが、天沼紳一郎、田中菊次、村川秀雄、暉峻淑子、渡辺寛などの諸氏が折々にゼミに現れた際の顔々が頭に浮ぶ。宇野演習の院生以外の院生も含めて常時十四、五名ほどの出席者がいたように記憶する。議論は当然活発であった。大横綱の宇野先生の胸を借りて突進するが、みな跳ね飛ばされて土俵の外に転がされるといった情景が続いた。私の二年上の学年には塚本健、岡本磐男、渡辺昭、金子ハルオなどの諸氏が、一年上の学年には岩田弘、降旗節雄、武井邦夫氏などの大物がいて、さらにわれわれの学年は大内秀明、阪口正雄氏など論客が顔を揃え、一年下には鎌倉孝夫氏、小林弥六氏、新田俊三氏など、そして宇野ゼミ最後の学年には、公文俊平、春田素夫、平田喜彦、吉冨勝などの諸君とそれに病気で二年留年していた山口重克氏が加わって壮観であった。宇野先生を中心にする激しい議論の応酬の中でなかなか議論についてゆけない私は、ただ押し黙っていることが多かったように思う。私が何とか落伍せずに留まれたのは畏友大内秀明君の励ましと支えがあったからだ。彼の激励と親身の助けがなければ今の私はない、と自分では思っている。

宇野先生との議論の相手役をよく務めていたのは降旗、岩田、大内の諸氏といったところだったろうか。でも岩田さんは言っていることが私にはよくわからず、またその宇野批判の意図を見抜かれた宇野先生に岩田さんも怒られることが多かった。世界資本主義の話はまだ形をなしていなかったが、貨幣論の展開や商人資本形式の理解などに国際流通を重視する考えは既に明瞭だったように思う。

二

ところで大学院は当時、制度的に修士課程と博士課程とは定員でも厳格に区分され、修士課程から半数しか博士課程に進学できないとされていた。ただゼミは修士・博士の課程の区別なく一緒におこなわれた。人数が少なく制度がまだ始まったばかりのときだったせいもある。もともと院生の実数がその定員の半分にも満たないのが現状であった。にもかかわらず当時は、博士課程への進学希望者は遠慮なくふるい落とされていた。基準は必ずしも明確でなかったが、常識的には修士論文の出来如何とされた。私が大学院に入ったときにはすでに博士課程の先輩がいたし、私も二年後には修士論文を提出しなければならなかった。結構緊張を強いられるものがあった。一年はあっという間に過ぎ二年目に入った。

私は大学院に入ったとき、玉野井芳郎先生に「僕が君の指導をしよう」といわれた。指導教授は教授しかなれなかったのだが、玉野井先生はまだ助教授で、宇野先生の指導教授は名目で、実質は自分がやるということであった。私は理由が十分飲み込めないまま玉野井先生に何時も従っていた。演習やそのあとの喫茶店はもちろんご自宅にも始終うかがった。一年目の終わりごろだったろうか、先生は私に修士論文は何をテーマにするか、と問われた。私はリカードの『経済学原理』の初版と三版の比較をやりたいと答えた。私がそれまで自分で唯一学んできたリカードの価値論の修正という問題は、まだ十分に論じられていない重要な論点であるだけでなく、とくに初版との関係は従来ほとんど誰にも論じられたことのないテーマであったからである。私は当時出版されて間もなく、翻訳もなかったCambridge版の『リカード全集』につけられたSraffaのIntroductionに刺激を受けたのであった。細かな問題ではあったが、従来ほとんど第三版しか知られていないだけに、初版の価値論の記述は三版とまったく違って面白いものであるのにわが国では紹介されることがなく、取り上げる価値は十分あると思った。指導教授の宇野先生もそれについて特に何もいわれなかったと思う。私は途中までは割に簡単に書けた。だが書いているうちにいかにもくだらない論文のように思えてきて気が乗らなくなってきた。そのとき玉野井先生は、スウィージーの「転化問題」を一緒にやってみないかといわれたのである。

現在では「転形問題」と称されるのが普通だが、一九五六年当時は「転化問題」が普通であった。価値から生産価格への「転化」がそもそもの語源だからである。ただ論争がもっぱら英語圏で行われ、transformation problemの訳語として「転形」がとられるようになった。それはともかく、スウィージーはその『資本主義発展の理論』（一九四〇年）の中で一章を挙げてその問題を論じて戦後のマルクス経済学の理論に新しい挑戦を行ったのがその論争の出発点であった。それはそもそもが第一次大戦以前の一九一〇年代にさかのぼる話であって、ポーランド出身のドイツの統計学者ボルトキェヴィチの当時の問題提起をそのまま受けるもので、ボルトキェヴィッチの所説を援用しながらスウィージーは、マルクスの価値と生産価格の総計一致の命題に対する否定的解釈を俎上に載せて、その解釈をむしろマルクス経済学への新たな貢献としたのであった。

アメリカでは珍しいマルクス経済学の解説書であるスウィージーの本の翻訳は中村金治氏の訳でわりに早く一九五一年に現れていたが、欧米で始まっていた「転化問題」論争がそれとして独自に日本に紹介されたのは翻訳の出たあとかなり経ったちょうどその頃で、わずか行われていたその論争の紹介も三部門分割はおかしいというようなピンボケのものが多く、問題点を正確に捉えることも出来ていない状態であった。ただ外国の雑誌に出る論文は増え、読んで私も興味がでてきた。ボルトキェヴィッチ＝スウィージーはその問題を三元連立方程式の解として解いたため、その解法はニュメレールとして選ばれる条件の差し替えや、連立方程式を多次元化することで、その後どのようにも展開できる発展性のある問題だったからである。私も玉野井先生のいわれるように修士論文のテーマもそれに代えようかと何度も考えた。でも二兎を追って失敗する危険もあった。何よりも先の理論的解決の見通しがつかめなかった。それに日本でのまともな議論がそれまでまったく存在しなかったから、その批判から出発することもできなかった。私は玉野井先生と「転化問題」の検討を行ないながら、リカードの修士論文の完成に努めることになった。ただリカードの価値修正論にしても、マルクスの価値の生産価格への転化の問題にしても、実は、ボルトキェヴィッチ＝スウィージーの「転化問題」に直接関わる問題であった。そのことが私の両面作戦の展開に大いに役立ったことは確かである。

外国の雑誌には論文がしばしば登場していたのでその吟味も行った。ロンルド・ミークの論文が発表された後、玉野井先生のお宅でミーク宛の手紙の質問内容を考えたり、早速送られてきたその返事を分析したり、また玉野井先生の指導で大学院に応募する学部学生の「転化問題」を扱った論文を読んで、それについて意見を述べたりした。ただ私自身どういう方向で問題を解決してゆくかの糸口がうまく見つからなかった。玉野井先生はミークが「転化」に際して変わらない可変資本／総価値＝可変資本／総生産価格という比率を取り上げたことに興味を示されたが、私は反対だった。それは所詮ボルトキェヴィッチやスウィージーが始め、さらに欧米の経済学者が用いている連立方程式の解法の問題にしかならない。つまりニュメレールの選択の問題に過ぎない。私はむしろ宇野先生の流通形態論の理解がここでは重視されるべきと考えた。私はそのときになって宇野先生の『経済原論』の生産価格論のところを繰り返し読んで、宇野先生がすでに問題をある程度意識されていると感じた。そうして社会科学研究所にあった宇野先生の研究室をたずねることになる。

宇野先生はわれわれの指導教授であったから、その研究室を訪ねることは不思議なことではない。実際、一部の院生の俊才たちは頻繁に研究室に宇野先生を訪ねて、質問したり雑談に興じたり、時には集まって研究会を開いたりしていた。ただ私のような不出来の学生には宇野研究室はとても敷居が高かった。しかし修士論文のこととあっては相談しないわけにはいかなかった。秋になって思い切って研究室を訪ねてテーマにしようとしていた価値と生産価格の関係について自分の考えを話すと、よくわからないからもう一度考えてから来いということで、追い出され、しばらく経ってまた行くと同じように扱われた。総価値と総生産価格は必ず一致するというマルクスの基本的命題の当否を扱うのだから簡単に済まないのも無理はない。そして三度目に研究室を訪ねたとき、しばらく話を聞いていた宇野先生はにっこりして、「君のいうことがやっとわかったよ」といわれた。私はそのときの安堵感を一生忘れない。ただ宇野先生に趣旨についてご理解を頂いても、それを上手に論文の形にすることがなかなかできなかった。やむなくリカードの方の論文を何とか完成させて締切日にやっと提出したのであった。時間的に締め切りぎりぎりで間に合ったのだが、事務室内で論文を綴じていたために研究科委員長だった大河内一男教授に「もう締切時間を過ぎているぞ」とお叱りを受けた。ともかく「転化問題」の論文をせめて副論文としてつけて出したいという希望も結局実現できないままだった。

でもそのあと直ぐまた「転化問題」に取り掛かった。すっきりした根本的な解決ではないが、生産価格が価格の範疇の概念で価値概念とは次元が違うから直接に量的には比較できないというところの理解が不十分であったことが、ボルトキェヴィッチ＝スウィージーにマルクスが足をすくわれた理由だ、ということをともかく明らかにした。費用価格を価値で計算するか生産価格で計算するかの問題はマルクスが『資本論』の途中で検討を放棄した点だが、宇野先生はその点の曖昧さをはっきりと理解されていた。私は自分の考えをともかく論文にまとめ、玉野井先生にまず読んでいただいたが、宇野先生にも読んでいただいたらどうか、とのお勧めを受け、恐る恐る宇野先生のところに持参してお願いしたのだ。まだ修士論文の審査が終わっていなかった段階なので躊躇したのだが、審査とは関係なくお読み願いたいとお願いしたのである。先生は気安く引き受けてくださった。

修士論文の口述審査はあっけなく短時間で終わってしまった。とくに怖い質問もなかった。そして博士課程に進学することができた。宇野ゼミでは四人応募したが、一人落された。しばらくたった後、宇野先生は「君の論文を読んではじめて今までわからなかったことがわかったよ」といわれた。それはマルクスが『経済学批判』の中で、原始時代の道具の価値を計算するのに一八一七年のロンドン取引所で使われていた金利計算表を参考にするというリカードのアナクロニズムを批判しているマルクスの言葉の意味が今までわからなかった、ということなのであった。「リカードの本をいくら読んでもその言葉が出てこなかったんだが、あれは三版ではなくて初版にあったんだね。君の論文ではじめてわかったよ」とにっこりされた。それが私の修士論文に対する唯一の先生の評価の言葉であった。全体としてどう思われたのかわからない。経済学史の範囲の論文だから玉野井先生のご判断が大きかったのかもしれない。

三

ともあれ博士課程にすすんでから宇野先生に命じられて、私が宇野ゼミで「転化問題」についての報告をしたのは、新しい学期が始まって比較的早い段階だったように記憶する。宇野先生がのち『資本論五十年』の中で、「この問題は、桜井君が大学院時代にぼくに出した問題で」、と紹介していただいているのだが、修士論文として間に合わず、後から出して読んでいただいた論文の評価に繋がっていることだけは間違いないと思う。総価値＝総生産価格というマルクス経済学にとってきわめて重要な総計一致命題を簡単に鵜呑みすることは出来ないことを主張したこの報告はいくらか人を驚かせる議論になったと記憶する。吉富勝君が私のリポートの汚い手書き原稿を無理やり貸してくれとむしりとっていったのを覚えている。終わって何人かのゼミ生が私に問いただしに来た。もちろん宇野先生にとっては、厄介でもはじめから理解の範囲内の問題に過ぎなかったが、私自身としてはもう少し進めなければならない論点を忍ばせたつもりでいた。ただその展開は急がなかった。

玉野井先生はその論文に手を入れてこの際どこかに活字で発表しておいた方がいいと勧められ、私は一応出身校に当たる武蔵大学の『武蔵大学論集』におそるおそる掲載をお願いして、いろいろ紆余曲折はあったが、何とか当時の鈴木武雄学部長のご裁定で許可を頂いた。そして翌年（一九五八年）博士課程一年のとき、私の最初の論文として活字にすることができた。ゼミの仲間に抜刷りを配ったが、評判はよくなかった。ただ岩田弘さんだけが何故かとても評価してくれたのが救いであった。

宇野先生はその年度が東大の定年の年で、その年度のゼミはいわば最後のゼミであった。私はその年博士課程の一年目で、結局修士課程の二年を合わせて三年間、直接、宇野先生の指導を受けたことになる。その年の最後の日の演習もなんの儀式も挨拶もなく淡々と何時ものように終わったことを覚えている。私は記念に一枚と思ってカメラを持参したが、宇野先生の前でなんとなく撮りづらく、公文道明さんが代わりに撮ってくれた写真が今も何枚か残っている。

翌年から指導教授は鈴木鴻一郎教授に代わり、鈴木演習が中心になったが、それでもわれわれの何人かはその後も法政大学に時折出かけて行って、講師室で法政大学に転じた宇野先生を囲む先輩たちに加わって雑談に興じた。もちろん雑談の仲間は法政大学のスタッフが大部分であったが、その雑談の中に興味ある論点があり、新しい関心もその議論の中から出てくることも多かった。マルクスの私生児の話も宇野先生から、佐藤金三郎氏から聞いた最近の情報として、その折に初めて耳にしたのだった。私も先輩たちのあいだに混じって先生が湧き起こす諧謔の笑いの中に鋭い批判の矢を見出しては、目が開かれる思いがするのであった。

また先生は東大時代の旧演習生の中から何人かを選んでゼミナール形式の本を何冊か企画して法政大学出版局から出版されたが、未熟な私が何故か選ばれてそのメンバーに加えられたことがある。そのとき先生は降旗氏を通じて私に商業資本論を担当せよとのお話であった。私は大学院の修士時代、玉野井先生の演習で商業資本について報告したことがある。そのときは宇野理論とはまったく違う森下二次也教授の著書を参考にして商業資本自立化の根拠としての流通資本の節約の問題を説明した。宇野先生の貸付資本を前提とする商業資本の自立化論が流通費用の問題にもっぱら関心を奪われて流通資本の問題がなおざりにされているように感ぜられたからである。ちょうど私の同期であった公文道明氏が修士論文のテーマに商業資本論を取り上げていて、始終議論していたせいもある。商業資本自立化の根拠をめぐる流通資本の節約は、流通費用の節約を必ずしも伴わない場合、つまり販売促進のためには逆に増加する場合もありうるという価値増殖の効率をめぐる独自の動きこそ大事な点ではないかというのが私の問題にした点であった。公文氏は一度目は失敗して結局修士論文を再度提出することになったが、二度目のものについては私はまったく関与していない。それは私の知る限りもっぱら岩田理論で書かれてあるはずだからである。ただ後に論文として公文氏が鈴木鴻一郎編『利潤論研究』に発表したものは最初に書いたものの原型をいくらか残しているように思う。

ともあれ私は宇野先生の商業利潤論が独創的なものであることは理解し敬意を払っていたが、全面的には賛成できないものも感じていた。だから宇野先生からの話は、先生に批判的になることを恐れて私は辞退したかった。降旗さんに事情を話すと彼は「しょうがないな、それじゃ僕がやることにするよ」といって、むしろ喜んで引き受けてくれた。私は宇野先生が商業利潤論に何か少し自信がもてなかったのかもしれないと想像している。だからのち山口重克君が商業資本論を書き上げたとき、「もしかしたら山口君の方が正しいのかもしれないよ」と宇野先生が奥さんに語ったという伝説が生きてくる。伝説というのは宇野夫人が晩年、亡くなった宇野先生の言葉を紹介する形で、山口君と私がいる前でそのことを語ったという事実を指している。伝説といわざるをえないのは、それが宇野先生の直接の言葉ではないし、本当にその言葉が発せられたのかどうか確かめられないからである。でもそれは事実であろうと私は考える。宇野夫人が想像で語れるような内容でないだけではない。山口君は宇野先生の理解に従いながら、その弱点を補正してより厳密にその理解の方向性を明らかにしたと考えられるからである。私は山口君と一緒にしばしば晩年の宇野先生を鵠沼のお宅におたずねしたが、宇野先生は山口君が先生に理論的に批判的な視点をもつことを承知しながら、山口君に何時も優しかった。それが純粋に学問的な批判であることを承知されていたためだと私は思う。だからそれは確かな宇野先生の言葉だと信じるのである。そしてそのような発言は宇野先生にしてはとても珍しいことなのだ。

私は宇野先生の一面は岩田さんに受け継がれていると思うが、もう一面は山口君に受け継がれているのではないかと考えている。もちろんこれはたとえばの話で、他にもたくさん候補者はいるが、ここでは偏見もあるかもしれないが、私の目で見たその代表者を仮に考えている。岩田さんはマルクスに続く宇野先生のスケールの大きな構想力を、そして山口君は宇野先生の緻密で粘り強い論理性を、継承していると思う。もちろん二人とも宇野先生の薫陶を受けているとはいえ、先生とまったく同じように考えているわけではない。いわゆるエピゴーネンではない。岩田さんにいたってはある意味では激しい宇野批判家といってよいほどだ。でも宇野先生が好まれる言葉、「古人の跡を求めず、古人の求めたものを求める」という姿勢は立派に受け継がれているのではないか。山口君の商業資本論に戻れば、私がいくら商業資本論をやってもあれほど厳密にできるはずがない。能力が違うと感じる。宇野先生から商業利潤を報告するようにといわれてお断りするしかなかったことを思い出しながら、そのことを合わせて回想したのである。

四

宇野先生にはいろいろな局面でお世話になることが多かった。筑摩書房の『資本論研究』の執筆者に加えていただいたし、法政大学に関係ないのに『資本論五十年』の座談グループの中に入れていただいたこともある。その体験は本当に私の財産になっている。

あるいは話が前後するが、私が大学院を終えて武蔵大学に就職するという話があったとき、わざわざ旧知の武蔵大学の藤塚知義教授にお会いになって私のことを頼まれたということもあったらしい。宇野先生がそんなことをされるということさえあまり聞かないのに、それが自分のことであったことをのちに知って呆然とした。宇野先生は陰徳の人でもあったのだ。そのことは誰にもしゃべれないことで、私も今となっては誰から耳にしたのかさえ覚えていないし、事実かどうかも確かめようがない。しかしそれは誰かが私に話してくれた以上、事実であったに相違ない。宇野先生にとってそれはかつての教え子への指導教授としての仕事と考えられたのであろうか。私はただただ宇野先生に感謝するのみである。

私が宇野先生の優しさに触れたことは何度もあるが、忘れられないのは私が一九七一年にロンドンに遊学していたときのことである。宇野先生の監修ということで降旗氏と渡辺寛氏と私の三人で帝国主義論の学説史の研究書を執筆しなければならないときに、折悪しく勤務先の大学から私に留学の順番が回ってきたのである。大学紛争の真っ只中で少しの時間の余裕もなく、留学の準備もそこそこにイギリスに出発してしまったのであった。私が大学紛争でたいへん忙しく苦労していたので当時の学部長が配慮して休ませてくれたこともあったかもしれない。ただそれは私の予想していた時期より少し早かった。何の準備もできなかった。私はただヒルファーディングの『金融資本論』の翻訳の岩波文庫三冊をもっただけで、他に何の参考資料も持たずに出発した。荷物に余裕がなかったせいもあるし、ロンドンまで行けば何とかなると甘く考えていたこともある。しかし実際には『金融資本論』の英訳すら当時はまだ存在しなかっただけでなく、日本語で書かれた論文などをあとから入手しようとしてもとても無理なことは直ぐにわかった。日本から取り寄せるとしても大学の紀要名などわからないことが多すぎる。私がロンドンでノイローゼになっているらしいという噂が出たのはそれから間もない頃であったようだ。何処からそういう噂が出てきたのかまったくわからない。実際、不思議な話であった。

私自身は困りはしたが初めての外国生活が楽しく刺激的で、仕事はそこそこに抛っておいて元気に遊び歩いていたからである。宇野先生はそのとき私に長い手紙を書いて、「ヒルファーディングが『金融資本論』を書いたのは三十歳のときで今の君よりずっと若かったんだから、そんなに恐ろしがることはない。あんまり深刻に考えないで暢気に書いたらいい」というようなことで私を慰めてくださった。手紙は大切にとってあったのだが、今手元に見当たらないのでとりあえずそのように書いておくけれども、実に心のこもったものであった。私が恐縮したことはいうまでもない。それから大学にも行かず、遊びにも行かず、下宿の小母さんに不審がられても、しばらくは毎日、部屋に閉じこもって原稿用紙の升目にともかく字を埋めていったのである。ただいろいろな制約と私自身の無能力から仕事は失敗で思い出すのも嫌な論文で終わった。少しずつロンドンの郵便局から書留で宇野先生のところに原稿を送ったことを思い出す。ひどい不出来の論文で宇野先生を始め共著者の降旗氏や渡辺氏には本当に申し訳ない思いであったが、帰国後先生は何もおっしゃらなかった。

先生の最後の企画になった絶版の『資本論入門』を講談社の学術文庫にする話のとき、先生は私を呼んで私に解説を書くようにという依頼をされた。私はそのとき、ほかに私より適当な人がいると思うので辞退したいと申し出た。でも先生は「とにかく君が書くようにと僕が頼んでいるのだから」といわれるばかりなのでお引き受けしたが、その本が出る前に先生はお亡くなりになってしまった。このときはさすがに残念だった。序文も新しく書き直すということで、口述を予定していたのであるが、病状が急変して駄目になってしまったのである。宇野先生の本に私が解説を書くという仕事はとても緊張したが、私にとっては忘れがたいものになった。

確かに、晩年になればなるほど先生との接点が大きくなったような気がする。先生があらゆる大学のお仕事をお辞めになってから、われわれも時折鵠沼のお宅をお訪ねするようになり、奥様とご一緒する機会も多くなり、それはそれでいろいろ懐かしい思い出がある。

いずれにしても私は最後まで宇野先生の掌の上で踊っていただけという気持ちが強くなっている。私が理論の上でやってきたことは、考えてみると、宇野先生のお考えと少しずつずれている。

言ってみれば、はみ出た問題を取り上げる傾向があったように思う。忠実に宇野先生の後を追っていたわけではない。たまたま私が宇野理論の勉強が足りないために知らず知らずのうちにその枠組からズレてしまっていた、ということもあったかもしれない。最初の「転化問題」がそうだった。でもそれはかろうじて宇野先生の理解の枠内にとどまった。しかしそれはきわどい枠付けであった。中野正先生は簡単に一見似たようなその枠からさらにマルクス経済学からまでも飛び出して、宇野先生に厳しく批判叱責されることになったほどであるが、それはマルクス経済学の理論に対してあまりにも安易な理解に流れてしまったためである。中野先生がそれまでやってこられた仕事は何であったのか理解に苦しむ。宇野先生の叱責は当然だと私は思った。

もちろん私はいわゆる近代経済学で用いられるような手法は意識的に避けていた。数学が不得手だったということはある。ただその点で玉野井先生と私の関係は微妙であった。「転化問題」を論じている過程で私は「宇野理論近経派」なる色分けの末端におかれたこともある。玉野井先生の編集で『マルクス価格理論の再検討』という本が出たとき、マルクス経済学者から近代経済学者までを含む執筆者の中でいろいろ問題が生じて執筆拒否の動きが起こり、何人かの友人が執筆を取りやめたのに、マルクス経済学の側での執筆者の一人だった私だけは辞退することを拒まれ、きわめて居心地の悪い立場におかれるようになった。それだけが理由ではないが、私はその後「転化問題」からやや距離を置いて理論研究からマルクスの理論形成史の方に研究の重点を移した。私自身、以前から玉野井先生の指導でマルクスの『剰余価値学説史』の新版への組み換え作業を、モスクワの「マルクス・レーニン主義研究所」で発表された新版の目次だけを頼りにやっていたが、その結果が画期的に面白く、マルクスの生産価格論の形成過程がロートベルトスの地代論を媒介にしていることがはっきりと浮び出てきたのに興味を掻き立てられたからである。それは「市場価値論の形成」（一九六二年）という形で論文にしたが、あとでヴィゴツキーというソ連の研究者がほぼ同じような結論を出している『資本論の生誕』（一九六七年）を読んで、たとえ資料が十分なくても頭を働かせればかなりできると嬉しく思ったものだ。そして同時に理論そのものへの興味が戻り、宇野先生の『経済原論』におけるいくつかの疑問点についても考察を改めて始めることにした。私は鈴木鴻一郎教授の演習の中に改めて居場所を定めた。これには岩田理論の影響もあるが、それだけではない。それまで指導を受けていた玉野井芳郎教授と問題意識が次第にずれてきたこともある。とにかく鈴木教授は院生を自由に放任して規制しなかった。宇野先生の定年後、宇野ゼミは鈴木ゼミにほぼ自動的に移籍した。私は玉野井ゼミにも参加していたが、それをやめて鈴木ゼミだけにしたのである。多少の葛藤があり先生にも叱責された。今でも玉野井先生には申し訳ない気持である。当時の私の心境は複雑で疲労困憊であった。

他方、鈴木ゼミは岩田弘さんの理論の影響を受けて新しく理論を打ち立てるべく、新しい院生を中心に鈴木理論の構築に力を割いていた。降旗、岩田さんを除いて宇野ゼミの残党はしかし鈴木理論に批判的で、私もまだ十分できていなかった宇野理論の勉強をさらに続けたかったし、鈴木先生は宇野ゼミの残党は特に放任したから、居心地はそれほど悪くかったのである。

五

私は生産価格論をやっているうちにすでに労働価値説のあり方に疑問を持ち始めていた。その原点はマルクスの「虚偽の社会的価値」にあるのだが、それはここでは述べない。また、その疑問点は私の処女作の『生産価格の理論』（一九六八年）ではやや曖昧にしか叙述していない。でも私は宇野先生がその『経済原論』で行ったマルクスの『資本論』での論証の欠陥を克服したはずの生産過程での論証も論証になっていないと考えていた。『生産価格の理論』の中の第三章「生産価格と価値」や第五章「市場価値と市場生産価格」では最初に書いた論文を若干書き直すなどして、宇野先生のお元気な頃にことさらそれを刺激的な問題にすることはしなかった。宇野先生が亡くなった後、それは鈴木鴻一郎先生の編集された『マルクス経済学』という雑誌形式の論文集の中などではやや積極的に明らかにした。そしてその論文は当時若干問題になった。書き方がひねくれていたため意味がはっきりしないと受け止められたのである。私は亡き恩師宇野弘蔵先生にささげた『宇野理論と資本論』（一九七九年）という本で、そういう論文をも含めて宇野理論を主に方法論的に扱った論文を収録したが、それは全体として宇野批判を扱うものではなくて宇野理論にさらに沈溺するものであった。その頃、大学での用事も増える一方で、研究に時間が十分割けなくなっていた。

私はその頃からマルクスの学説の形成史のほかにリカードを中心とするその前後の経済学者の

学説の研究にも時間を割くようになった。大学の担当講義科目が途中で経済原論から経済学史に変ったためもある。宇野先生から学説史はペティとスミスとリカードをやれば十分だと教えられてはいたが、取り残された経済学者にもなかなか魅力的な視点が見られたこともその理由である。それにやる必要がないといわれる宇野先生も実際にはマルサスやミルの『原理』はご自身ではちゃんと勉強されていたこともわかってきたからである。J・S・ミルの方法論を研究していた際に興味を持ったイギリスの歴史学派も、日本ではほとんど研究されていなかったために新鮮な研究対象になりそうだった。余裕があればもう少しやってみたかったが、深く分析するまでには至らなかった。いささか雑多な印象もあるが、私がミネルヴァ書房から出した『イギリス古典経済学の方法と課題』(一九八八年)は、それら研究遍歴の記録でもある。

しかしこの時期になると宇野先生はすでに亡く、鈴木先生も、玉野井先生もすでに故人になられて、私は自分で自分の道を切り開いて行かざるを得なくなっていた。宇野先生の理論からいわば逸脱することも避けられなかったし、先生の理解への批判も時に必要性を感じた。宇野先生のやられていない学問範囲にも手を出した。だから少しは自分でやってきたこともあるか、と考えることもあるが、問題の着想にしても、展開の方法にしても、古典の理解にしても、先生の影響から脱しきれているとはとてもいえない。

もともと宇野理論からの脱却を目的にすることなど学問的退廃に過ぎない。そういう学問の進め方はない。どういう方向に進むにせよ、私はすべては自分の学問的判断によっている。その判断自体が実は宇野先生から学びながら作られたものなのである。その結果、自分は宇野理論の祖述者ではないが、結局は宇野先生の掌の上で踊っているに過ぎないのかもしれないという気持ちは、宇野先生の亡くなられた年に近づきつつあるいま益々大きくなってくるのである。実際、流通形態を生産から分離するという把握の方法はきわめて画期的で宇野先生の名を不滅のものにするものだと思う。その限りで私は誇りを持って自分は宇野理論が思考の原点であるといえる。いまになってみると、これでよかったのだという満足感がある。五十五年前を振り返り、宇野先生は私の指導教授だったんだという思いで胸が温かくなる。先人を越えたいという気概はもちろん理解できるが、それだけでは何の評価にもならない。結局は、学問は継承であり、その上でも自らの創造的努力による展開をこそめざすものに過ぎない。そしてその実績への評価は所詮他人がするのである。

第8章　宇野理論の魅力と批判精神

——書評・三篇——

一　魅了された宇野弘蔵先生の『価値論』

宇野弘蔵先生の『価値論』は最新のこぶし書房版を含めて今までもなんどか版を変えて出版されているが、最初の刊行は一九四七年の河出書房版である。それはまた、戦後間もなく河出書房から創刊された総合雑誌『評論』に連載された「資本論座談会」がきっかけになっている。当時の錚々たる資本論学者を集めて何回も行われた座談会での宇野先生の発言があまりにも斬新で理解が及びえず、とくに価値論の解釈を巡って他の出席者のすべての反対を招き、速記も不可能になるほどの混乱に陥れたことが、のち勧められてその主張を『価値論』として一書にまとめられる契機になったからである。

その座談会ものちに『資本論研究』という題名で二冊にまとめられて河出書房から出版されたが、しばらくたって『資本論』を読み始めたばかりの私たちにとって、それはこれ以上はないと思われる楽しい読み物であった。易しいというのではない。内容的にいえば細かい議論で、むしろずいぶん高級である。それなのに読んであれほどに楽しいのは、ひとえに宇野先生の新鮮な問題提起にうまく対応できずにたじろぐその場の情景が、そのまま活写されているからである。座談会は、戦前、戦中に独力で熟成し蓄積していた宇野先生の理論が、初めてその生き生きとした全容を垣間見せた一瞬であった。

結局、『価値論』の執筆はその蓄積を一挙に吐き出す好機になった。宇野先生の著書にはそれぞれ独特の論理で人を引き付けるものが多いが、この本にとくに魅力を感じさせるのは、新しい論理を切り開いてゆくその切迫したスピード感の持つ爽快さではなかろうか。すでに当時五十歳になろうとしていた宇野先生には当たらないかもしれないが、推敲を重ねるあまり難渋になりがちだった他の文章と比べると、せき込むように一気に説き続けるその叙述に若々しさを感じてしまう。少なくとも当時の私にはそのように感じられたし、いまでも『価値論』は私が一番好きな本だ。

もちろん、のちの宇野先生の『経済原論』やその後の展開に比べると、この『価値論』には修正されるべき点がないわけではない。価値形態を価値の実体規定に先立って説くという宇野先生の大きな特徴はまだ明確でなく、そこでは実体規定は価値形態の展開に伴ってその本質的根拠を明らかにするというにとどまっている。

しかしそういうことを含めてもこの本がなお今でも魅力を持ち続けているのは、『資本論』の叙述に何ら疑うこともせずただ祖術することだけで満足している学者たちに対して、権威に対しても恐れることなく自分の頭で考えることを徹底して強調した宇野先生の学問的姿勢の高さの故ではないだろうか。いつでも形を変えて現れてくる権威主義に対して、われわれが対置しなければならないのは、その科学的な批判精神だからである。

二　『現代資本主義の原型』の刊行に寄せて

宇野弘蔵先生の遺稿「ナチス広域経済と植民地問題」と藤井洋氏の「国家独占資本主義としてのニューディール」が一冊に纏められて復刻刊行されるという。この二つの論文は大変深い関係を持っている。そして藤井論文についてかねてから強い関心を抱いていた降旗節雄教授の編纂だという。二つの論文ともに今では入手困難である。興味をひかれないわけにはいかない。

宇野先生の論文は、先生が亡くなられたのち書斎から発見された。雑誌『経済学批判』第4号(一九七八年)に斉藤晴造氏が寄稿され、その遺稿の発見のいきさつとその原稿執筆の背景およびその内容のあらましについて説明されている。その際、斉藤氏は表題のなかったその遺稿に「第一次大戦後における植民地問題」と題されたが、降旗氏は内容により即した表題として、今回上記のものを選ばれた。しかしいずれにしても宇野先生ご自身の付された表題ではない。

この論文は、斉藤氏によると、日本の敗戦間近の一九四五年の二月頃に、当時宇野先生が勤務されていた三菱経済研究所で、先生を中心として行われていた「広域経済の研究」の総論として準備されたもので、研究所の理事、佐倉重夫氏に報告した時の原稿だという。宇野先生は三菱経済研究所に入る前は、貿易振興協会の貿易研究所の調査部に勤務し、組織的に広域経済の研究に従事されていた。その研究の成果の一部は『糖業より見たる広域経済の研究』（栗田書店、一九四四年）などとなって公刊されている。その後、協会内のゴタゴタや一部調査部員の逮捕などがあって、そこを辞し、上記の斉藤氏など何人かを連れて三菱経済研究所に移り、同じ広域経済の研究を継続していたのであった。

第二次大戦中、日本経済は戦時統制の下におかれ、またナチス政権は資源の獲得に苦慮していて、広域経済論の主張と植民地経済との関係は、当時の世界経済にとって大きな問題になっていた。宇野先生は、ナチスには経済理論はないが、世界経済的におこなっていることからする現実の役割はこれをを認めざるをえないとしていた。そして従来の帝国主義国が植民地を通じて行った資源の獲得を、広域経済は国民経済の統制を確保するために、広範な地域を求めてその内的問題として具体的に解決しようとするものである、としてとらえ、そこに関心を集中させた。

このたび公刊される論文を含めて、戦時中に書かれたこの論文で、宇野先生が最終的に何を意図されていたのかは、必ずしも明快とは言えない。屈折した心情と抑制され難渋になったその表現からは、その真意は掴みがたい。宇野先生は広域経済の当否を問題にするのでなく、ただ事実だけを書いた、と戦後になって回顧されていたと記憶するが、そこに戦時中から戦後に続く資本主義の現状分析にかける先生の方法的模索が潜んでいたことに間違いはないであろう。

宇野先生は戦後まもなく「資本主義の組織化と民主主義」という論文を書かれた。これは現代資本主義の分析に一つの枠組みを与えようとする注目すべき論文であった。宇野先生はそれまでのナチスの広域経済の研究を通じて、経済に対する国家の役割を解明してきたが、戦後、国家による経済の組織化の考察を、ナチスと異なるアメリカに対象を移して、そこでの経済の組織化が、労働者の組合組織化によって民主主義的に行われる可能性があることを論じられた。この論文も難渋さを免れていないが、イギリスの労働党による福祉国家をイメージにおいているようにも読める。いずれにしても戦後ようやくその詳細が明らかになったニューディールの経験は、宇野先生にとっても大きかったというべきである。

藤井氏の論文は、宇野先生と同じような立場から、アメリカにおける資本主義の組織化とニューディールとの関わりを説こうとしたものである。編者の降旗氏はずいぶん前から藤井氏と宇野先生との学問的関係に注目し、この論文を高く評価していた。

藤井氏は戦時中、宇野先生と同じ三菱経済研究所に勤務していた。そして戦後、宇野先生が東京大学に新設された社会科学研究所に移籍すると、その後を追うようにして社会科学研究所に転じ、そこで勤務されるようになった。そしてここに収録した論文を書き上げて間もなく、三十六歳の若さで病のため亡くなられたのである。その折の宇野先生の弔辞が本書の巻末に収められている。

宇野先生の藤井氏に対する影響がどの程度のものであったかは分からないが、法学部出身の藤井氏が経済学を宇野先生に学びつつ自己のものにしていったことは十分想像できる。ともあれ藤井氏が資本主義の組織化をアメリカ経済の分析の軸に据えて研究を行ったことは明らかである。戦時中から戦後、いくつかの論文を藤井氏は書かれているが、その代表的なものがこのたび収録されている「国家独占資本主義としてのニューディール」であるといっていいであろう。

この論文で藤井氏は、ニューディールの時代には金融資本による組織化では恐慌を食い止められなかっただけでなく、不況を慢性化し、危機を拡大した、と述べ、「総資本家的組織化」としての国家の出動によって、そのインフレ政策を通して不況を克服するところに、ニューディール政策の役割があることを主張している。いくらかの方法論の違いに目をつぶれば、おおよそ宇野先生がナチスの広域経済論や資本主義の国家による組織化論で試みられた分析方法を、アメリカに舞台を据えて検証したものと言ってよいのではないか。

宇野先生の三段階論に対する議論が最近かまびすしい。多くの異論が提起されている。もとより宇野理論にいたずらにしがみつく必要はないが、批判するにしても、宇野先生をはじめとする先人の業績を正確に読み砕き、そこに潜むものを拾い出す努力が欠かせない。イデオロギー批判ではない学問的批判には確実さと謙虚さが必要であろう。

かなり時代が経つものであるが、今日なお読まれるべき価値のある本書が、広く読者に認知されることを切に望みたい。

三　宇野弘蔵・梅本克己『社会科学と弁証法』の刊行に寄せて

宇野弘蔵と梅本克己の共著『社会科学と弁証法』が装いを新たにしてこのたびこぶし書房から刊行されるとの話を聞き、いささかの感慨にひたった。この本のなかに含まれている宇野と梅本との対談は、宇野が梅本の体調を考慮してわざわざ二度にわたって水戸（大洗海岸）まで出向いて行われたものであり、もともとは『思想』に一九六六年と六七年、それぞれ二回ずつに分けて掲載された。宇野研究にとってはなはだ貴重な内容のものであるが、宇野弘蔵の『著作集』の中には収録されていない。是非入れるべきであるという声もあったが、対談なのでやむなく割愛したのであった。そして宇野『著作集』の完結後、新しく別個に、関連する論文も加えた形で、その宇野・梅本対談を柱とする『社会科学と弁証法』が岩波書店から刊行されたのである。今日、その最初の版が絶版ということであれば、その対談はこの新版で読むしかない。その意味で本書は価値ある復刊というべきである。

本書の構成は、前半で梅本の宇野の経済学の方法論に対する批判をめぐって両者が議論を交わす二つの討論を取り上げ、後半はそれを前提としてあとから相互に書かれた二人の論争文を六つ収録する。

梅本はかねてより宇野が『資本論』を信仰の対象でなく科学の対象としたことを重視し、宇野によるマルクス経済学の方法的研究を高く評価していた。しかし同時に、宇野の経済学と唯物史観の関係についての理解には否定的な意見を持っていた。そして梅本は『マルクス主義における思想と科学』において、宇野の方法を批判したのである。この梅本の宇野批判に対する宇野の反論は簡単な形ではすぐになされていたのであるが、梅本に寄せる宇野の人間的好意が更なるこの本格的な対談による討論を可能にさせたことに間違いはない。仲間うちの対談はともかく、当時も今も、論敵同士で直接に議論を戦わすという機会は意外に少ないのである。そして当時、茨城大学にいた宇野と梅本の双方の弟子を任じる武井邦夫がその仲介をして、老齢の宇野をわざわざ二度水戸まで招き、多くの人の期待を実現させることに成功したのであった。

対談は二部に分かれていて、「社会科学と弁証法」、「『資本論』と『帝国主義論』」とそれぞれ表題がつけられている。もちろんここで詳しくは論じられないが、最初の対談では、労働力の商品化が資本主義を「否定するものにもなりうる」という宇野の論文の記述から、梅本が労働力商品の「無理」は結局「人間主体と切り離せない」という問題にならないかと疑問を出すが、その変革の過程自身は経済学の解明しうるものではない、と宇野に反論され、「移行」をめぐる唯物史観と経済学原理との関係の問題に議論が集約されてゆくことになる。もちろんそこではそのほかにも多様な論点が出てきて興味を引くが、宇野が「純化傾向の逆転」という言葉が誤解を招いたかもしれないとして、「鈍化」とか「阻害」という表現に代えようとしている点など興味深い。

二番目の対談では、梅本がまず原理論と段階論の問題を、恐慌論の段階論的展開の可能性という形で提起する。原理論で捨象された歴史的条件を入れた恐慌論の段階論という意味である。しかし原理論と段階論の法則性の意味はまったく違うということで、宇野にやんわり否定される。あとは唯物史観をめぐってさまざまな角度から問題が取り上げられるが、話は結局同じ結論に帰り着く。対立点が明確になり理解は深まるが同意には至らないといってよいであろう。論争とは結局そういうものかもしれない。ただその議論の応酬の中で折々に漏れ染み出してくる言葉の端はしに意味深いヒントが隠されていることが多い。そういう点ではこの討論は、宇野理論の舞台裏の一部を垣間見せているともいえる。あと本書の後半に収録されている諸論文は、この対談での論点を敷衍し彫琢させたものといってよいだろう。

この本の初版が出版されるとき、宇野はすでに脳塞栓を患い言葉と手足が不自由になっていた。山口重克と私が鵠沼の宇野宅に赴いて「あとがき」の言葉を聞き、書き取った。たどたどしい口跡ではあったが、よく準備された言葉で、その頭脳は明晰であったことを今思い出す。

第9章　宇野弘蔵夫人マリアさんに伺ったこと

――宇野弘蔵先生の思い出――

宇野先生がご存命の頃、高円寺のお宅に、そして湘南に移られてからは鵠沼海岸のお宅を何度かお訪ねしたが、そのときは奥さまのマリア夫人はお茶を持って出てこられても、直ぐに部屋から引き下がってしまうので、あまりお話しした記憶がない。ただ私は宇野先生に頼まれてダックスフントの子犬を鵠沼のお宅に届けて以来、犬好きの奥さまとはじっこんの間柄となった。その犬は奥さまの要望で飼うことに決めたのだったからである。その後は鵠沼のお宅にお訪ねするといつもマリア夫人が先生とご一緒に応接してくださった。そしてひとしきり愛犬の話をして、学問的な話になってもなおともに話題に興じられたのである。それは宇野先生が脳塞栓で倒れられてからは普通のことになった。

そういう関係もあって、宇野先生が亡くなられたあとにも私はしばしば鵠沼にマリア夫人を訪ねて昔話に興じたのである。愛犬はこれも私がお世話した二代目のミニダックスフントに代わっていた。夫人は散歩に愛犬を連れて喫茶店に行き、ケーキの一切れを犬に与えるのを楽しみにされており、私も時々お供したことがある。いろいろな機会に宇野先生のお話を伺ったが、いちいち覚えてはいないにしても、記憶に残っていることもいくらかある。プライヴェイトな話もあるが、もう許可を頂くこともできないし、昔のことでもあるのでお許しを願うとして、いくつか披露しておきたいと思う。お二人が若い頃の話はあまり知られていないはずだし、若い宇野先生のイメージは、年とった先生しか知らない我々にとってきわめて新鮮で印象深いものがあった。

一

宇野先生が東京帝国大学の法学部から分かれて出来たばかりの経済学部を大正十年に卒業して、大原社会問題研究所に助手（嘱託）として就職したことはその経歴に記されている。少し前まで、法学部の経済学科には高等学校（旧制）の「英法」からしか入学できなかったのが、新しくできた経済学部は「独法」でも「仏法」からでも入れたので、高等学校で「独法」の向坂逸郎氏や宇野先生は途中で法科から経済学部に転学したのである。宇野先生が経済学をやりたいと思ったのは高等学校のときからだそうで、中学時代の親友の西雅雄氏の影響もあり、堺利彦氏の編集していた雑誌『新社会』に掲載されたカウツキーの『資本論解説』を高畠訳で読んだりして、かなりマルクス経済学に興味を持っていたようだ。だから大学卒業時に、就職を勧められても断っていたのである。結局、大学時代の親友向坂氏は大学に助手として残り、宇野先生は大原社会問題研究所の東京勤務の助手になった。

ところで大原社会問題研究所の所長は前年東大教授を辞めたばかりの高野岩三郎氏であった。

氏は、大正八年、ＩＬＯの労働代表に選ばれたが、官立の東京帝国大学の教授であったため、友愛会の反対を受けて代表を辞退し、責任を取って東大経済学部教授を辞任したのである。高野氏はもともと大原社研の設立の当初から深く関係していた。裕福な産業資本家であると同時に、私財を投じて貧民救済に心を尽くしてきたクリスチャンの大原孫三郎氏は、大正七年に始まった米騒動の中に社会制度的矛盾を感じとり、その病弊を探り解決のための対策の研究が必要であることを痛感した。かくして河上肇氏の推薦もあり大原氏は高野氏に新しく構想していた研究機関についての相談役およびその経営への尽力を懇請したのである。高野氏は快諾した。一九一九（大正八）年のことである。そして同年社会事業と社会衛生の両部門を含む大原経済事業研究所の創立総会が開かれた。その後両者は合併されて大原社会問題研究所となる。それは本拠を大阪に置いた。高野氏は上述したＩＬＯ代表事件によって東大教授を辞任したのち、森戸事件などがあってその心労は続くが、結果としての森戸氏の入所をふくめ、櫛田民蔵、大内兵衛、細川嘉六、権田保之助氏などの新研究員の増加は、かえって研究所の権威を高め、高野氏も研究所の所長に新たに就任することで、研究所の活動とその運営に専念して一段と熱意を燃やすようになったのである。

高野岩三郎氏の夫人はドイツ人で、やがて宇野先生と結婚することになるマリア嬢は高野家の長女であった。なにぶん大震災前の東京である。本拠は大阪にあり、たびたび移転した東京の研究所の支社がそれほど立派な建物であったとも思えないが、その頃は、本郷の動坂に大原社研の東京支社があって、その中に高野氏の家があったとのことだ。往来は自由だったのであろう。新入りの所員の宇野先生は高野家へ始終食事をとりに行ったようだ。マリア夫人の話では夏休みも帰郷せずに昼にもやってきたとのことだ。宇野先生がその時期にどういう生活をしていたのかわからないし、夏休みというものが研究所の助手にあったのかどうか分からない。ただその頃、高野家では女中は置くのをやめていたので、食事は高野氏の母親とマリア嬢が作っていたという。ドイツ人そっくりの風貌を持つマリア嬢は両親がドイツに行っている間、高野氏の母親の手元で妹たちと一緒にまったく日本式に厳格に育てられていたのである。恋愛に興味を持たないように、マリア嬢には小説も一切読ませてくれなかったらしい。しかし宇野先生が高野邸に通って食事を取っているあいだに、大原社研に勤める宇野先生とマリアさんが互いに意識するようになったのは自然であろう。のちにマリア夫人は「私は見初められたらしいのよ」と語っている。二十歳前の美人のお嬢さんと二十歳を過ぎたばかりの青年である。所長のお嬢さんであるということが宇野先生には心理的な障害だったかもしれない。しかし宇野先生は堂々と振舞っている。私が奥さまから聞いて印象に残っているのは次のような話だ。

チフスにかかってマリア嬢が入院している時、宇野先生が毎日のように花を持って病院を訪ねてきたという。いつもスウィートピーの花だったそうだ。マリア嬢が好きな花だったのであろうか。宇野先生が帰ったあと、看護婦に「子供だと思っていたのになかなか発展家ね」といわれたが、「発展家」の意味がその時判らなかったそうだ。祖母が厳しくて小説も読ませてくれず、当時は恋愛感情にまったく無知だったからだ、と夫人は話してくれた。でもこれはマリア嬢のおばあさんの内々の承認があったからというべきなのであった。

宇野先生は話が好きなので祖母と馬が合った、とマリア夫人は言う。以前、何人か長崎の学生を下宿させたことがあったようだが、あんなに話し好きの人はいなかったと夫人は回想している。藤村《ふじむら》の羊羹の話題などで話が弾むこともあったという。宇野青年はマリア嬢より先に祖母と仲良くなったというのが真相のようだ。もっとも「将を射るには先ず馬を射よ」と考えたわけではなさそうである。自然の過程でそうなったということであろう。二人の関係はやがて人の知るところとなって、話は結婚ということに発展してゆく。結婚は祖母の勧めだったそうで、母は反対できないし、父も祖母の意見を尊重した。祖母は長崎の出身で、なかなか進歩的な人だったというのがマリア夫人の記憶である。マリア嬢が倉敷紡績の社員と結婚していた従姉妹のお産の手伝いにたまたま倉敷に行ったということもあって、山川均氏の義兄の林さんという人のお世話があり、話はとんとん拍子にまとまり、お二人は大原孫三郎氏の媒酌でめでたく結婚式を挙げたのである。〈父の親しかった林さんの世話で決まった、その前から顔は知っていたが、……〉と宇野先生は『資本論五十年』で語っているが、事実は上に述べたとおりである。そして宇野先生は郷里の父君宇野和一郎さんから頂いた結婚資金一万円で家を買わずに留学を果たすべく神戸からドイツに向かい、大原社研もやがて辞職することになる。高野氏は宇野先生に外国に行くのはまだ早いと言っていたのに、結婚すると早く行け行けと話したということだ。ミュンヘンに住む高野夫人バルバラさんの母親に孫を早く会わせたいという希望もあったらしい。かくして年代史的に言えば、大正十年春、大学卒業後、大原社研に就職し、翌年夏に結婚、秋には二人でドイツへ新婚旅行に旅立ったということになる。

以上は、宇野先生がその『資本論五十年』で話されている内容と大きな矛盾はないものの、結婚に至る過程という重要なポイントにその本がほとんど触れていないという点では、このマリア夫人ご自身の回顧は決定的な事実の証拠といわなくてはならない。そして同時に、宇野先生ご自身も『資本論五十年』で言われているが、高野岩三郎氏が弟子の宇野弘蔵氏に秀才ゆえに娘と結婚させたという俗説をまったく否定するものであることにも注意する必要があろう。

関連してこんな話をマリア夫人は私に残している。東北大学で金融論を担当していた中村重雄氏は東京大学で宇野先生と同期であったとのことだが、ある時、高野岩三郎氏が「中村君は君よりずっと成績がよかった」といわれて先生が頭をかいた、ということがあったそうだ。私が尋ねたわけではないが、その話をされながらマリア夫人は、「主人は真ん中ぐらいではないかしら」といって笑われていた。

今からずっと前のことになるが、『資本論五十年』のための座談会を行っていた頃、渡辺寛氏と日高普氏が宇野先生の結婚のいきさつなどしきりに聞きだそうとしたことがある。しかし「ぼくが小説家ででもあれば書いたりもするがね」などとはぐらかされ、しかも本になったらさらに座談会の内容を簡略に書き改められていたときのことをどうしても思い出してしまう。学者のプライヴェイトな人生の綾を知ってどうなるものでもないと思いつつ、しかしまた他方で、先生の豊かな青春と新婚の時代を思い、その後の仙台での苦難に満ちた先生の前半生の中に残る情愛に彩られたご家族の生活や様々な配慮に裏付けられた当時の学生との師弟関係をも想起し、さらに先生の後半生を特徴づける宇野理論体系の確立と宇野シューレ形成の背後にあるさまざまな歴史を回顧するとき、宇野先生への敬愛の気持はさらに自然に増してくるのである。

二

宇野先生が大原社研を辞めてマリア夫人と新婚旅行を兼ねて向かった先はドイツであった。宇野先生の父親は農家の出身ながら倉敷に出て身を起こし成功した人で、大原孫三郎氏の片腕として倉敷紡績で辣腕を振るった時期もあったらしく、自分でも紡績会社を興す計画で、土地の手配なども済ませていたとのことだが、結局果たさず、倉敷紡績の仕事に関係しながら、印刷業とか本屋とかいろいろな仕事に手を出していた人らしい。当時、株でだいぶ資金を得たという話だ。宇野先生の結婚に当たって、家の建築資金として一万円を贈られたらしい。宇野先生はそれで家を作らず留学のための資金にした。したがってかなり潤沢な資金を持って宇野先生はベルリンへ渡ったことになる。ただ、当時は多くの官費留学生は海外に渡るのに一等船客であったらしいが、先生夫妻は自費留学のせいもあってか鹿島丸の二等で行ったとのことだ。四十日かかったという。ベルリンに着くと森戸辰男さん一家が出迎えて、宿舎の手配もしてくれたようだ。その後ずいぶん宿舎をあちこち代ったらしいが、ユダヤ人の家にも何度かいたようだ。最後は、フォン・ストッシュというユンカーの家系の軍人の未亡人の家に部屋を借りたが、当時のドイツはひどいインフレで物資もなく、本来なら外国人なんかに部屋を貸したりしないのに、という態度が家主にありありと見て取れた、と宇野夫人は言われる。当時は家主は小さな暖炉で暖まっていたのだが、日本人は比較的豊かだったのでストーヴをどんどん燃やしていたそうだ。といっても暖房は十分でないので、宇野先生はすっぽり毛布をかぶって本ばかり読んでいたとのことだ。奥さまは、とんでもない人と結婚してしまったと、将来を不安に思ったという。

当時、最後のベルリンの下宿にしていた元ユンカーのストッシュ夫人の家は古く、照明にまだガス灯が使われていて、ある日本人が夜つけ放していた灯の家主の元栓の開閉によるガス中毒で亡くなるという事件があり、宇野先生は自ら出資してその家に電気を引いたという話がある。父親からもらった一万円を手にしてベルリンに行かれたということだが、ドイツが大戦後のひどいインフレ下であったことを考えれば、当時として相当使いでのある金額であったことが想像される。でも生活は質素だったらしく、だいぶ余まして帰って来た、と先生は言われていた。

ベルリンに着いて最初に居を定めたころ、近くに森戸辰男氏や大内兵衛氏それに暉峻義等氏などが住んでいたようだ。少しあとかもしれないが、大学時代、同級でいつも親しく付き合っていた向坂逸郎氏も大体同じ頃ドイツに留学していたので、下宿が近くで始終行き来していたようだ。宇野先生の話では向坂氏は何処にも出かけずもっぱら古本屋に通っていたとのことだ。そのため宇野先生は奥さんといっしょに向坂氏を芝居や川遊びに連れて行ったという。ある時は二人でドイツ社会民主党大会を傍聴に行ったら、日本代表と間違えられてカメラマンに写真を撮られたりして、誤解を解くのに大変だったという逸話もある。そのとき初めてヒルファーディングやベルンシュタインの顔を見たらしい。

その頃、日本人の留学生たちはマルクが安いので本を買い捲っていたらしいが、宇野先生は本を買いにドイツに来たわけではないと、見向きもしなかったらしい。ただ『資本論』を読むということが目的であったというから、大学にも通わず、ひたすら部屋で『資本論』を読むという生活をされていたのだと思う。もっとも大学に行かないと税金が高くなるという理由で籍を置いていたベルリン大学には時々顔を出して、ブレンターノ、ゾンバルト、ワーゲマンなどの講義を聴かれたという話だ。『資本論』のほかに読んだといわれているのは当時出版されて間もないレーニンの『帝国主義論』である。本の収集といえば、『資本論』第一巻の初版本を高野岩三郎氏が苦労して入手して宇野先生に上げたのに、宇野先生は大して嬉しそうな顔をしなかった、とマリア夫人が昔の愚痴を言っておられたことがある。それが何時のことか、お聞きするのを忘れてしまったが、多分日本に帰られてからの話であろう。それほど先生は本集めには関心がなかったのである。その本は先生が亡くなった後、息子さんの手で、今では法政大学の付置研究所になっている大原社会問題研究所に寄贈され、現在そこの蔵書となっている。価値形態論のところに宇野先生が書き込んだと思われるアンダーラインが残っている。

ところで、先生がドイツに滞在の間、マリア夫人は祖母と会われて、祖母の住むミュンヘンにも行ってしばらく滞在されている。祖母という人はもともとはオーストリアの人のようで、ザルツブルグやインスブルックにもいたらしい。マリアさんは五歳までミュンヘンに母と一緒に滞在していたらしいが、その後は日本に戻っていたから言葉はもちろん忘れていた。だから祖母が始めて宇野夫妻に会いにベルリンに出てきたときは言葉が分からず、ただ嬉しくて互いにニコニコしていただけだった、と宇野先生が語っている。マリア夫人はお産のためミュンヘンに向かったが、長旅の疲れで着いて直ぐ流産したらしい。そんなこともあって滞在している間に忘れていた言葉もやがて通じるようになり、日本に帰らないで何時までもミュンヘンにいなさいという誘いの話しも出たようだ。

ともあれ、宇野先生ご夫妻はロンドンを経由して日本郵船で日本に戻り、そのあと東北帝国大学の助教授として仙台に赴任された後の話は、すでにさまざまな形で十分に語られていると思われる。ここでは宇野夫人からお聞きした話のいくつかを、エピソードとして書き綴っておきたい。

三

宇野夫人にとって何といっても大きな事件は、昭和十三年に人民戦線事件に連座して労農派グループの一員として先生が逮捕されたことであろう。宇野先生は、「なに今晩には帰れるから」、と夫人には言われたらしい。しかし逮捕に来た特高の刑事の一人が、マリア夫人に「もっとたくさん着せて上げなさい」とささやいたので、ある程度覚悟し、たくさん着せた、とのことだ。ただ宇野先生はそれを断って二重回しを着ただけだったと『資本論五十年』では語っている。「その間宇野氏は一言も発せず、マリ夫人にも僅かに『大したことはない』と言い残したきりでその態度には係官も敬服している」と当時の『朝日新聞』宮城版にはある。しかし二月に逮捕されて、その後一ヶ月以上何の連絡もなかったらしい。

あらかじめ情報を得ていたのであろうか。新聞にも教授グループの検挙があるだろうと予告があり、高野岩三郎氏は、仙台の先生の研究室にそれとなく危険なものは処分するようにと電話で連絡してよこしていたとのことだ。しかし宇野先生は、自分には関係ないし、そんな処分するものはないから弱ったといっていたという。それでも、マリア夫人に子供と女中を連れて映画を見てくるように言いつけて外出させた後、学生が持ってきた「赤旗」や親友の西雅雄氏からもらったガリ版のコミンテルンの秘密文書などを少しずつ燃やした。宇野先生は帰宅したマリア夫人に、今日は何故か御用聞きがたくさん来た、と話したとのことだが、周囲から特高警察によって見張られていたのをぜんぜん知らなかったのであった。検挙されたのはその翌朝である。そのまま塩釜警察署の留置所に入れられた。重罪人扱いで一カ月以上差し入れも許されなかった。

マリア夫人は特高の課長に直談判に行き、うちの主人は何もしていないのに何故捕まったのかと問きただした。しかしはっきりした返事はなく、そのあと特高課長と二人だけで会うという機会は二度となかった。

宇野先生が逮捕されて、高野岩三郎氏と先生の母親とお姉さんが仙台に来た。マリア夫人によると、皆で一緒に食事をした時、弘《こう》（弘蔵）も高野の娘なんかと結婚するからこんなことになるんだ、弘《こう》が可哀想だ、と母親が言った。短気な父が顔を真っ赤にして我慢していた姿を覚えている。あとで父は、こういうことはあとでハクがつくことだってあるかもしれないんだよといって慰めてくれた、という。そして宇野君はしっかりしているからいいが、ああいう母親と姉がいたのでは苦労するなあ、といっていたことを思い出すそうだ。宇野先生のお母さんやお姉さんが嘆くのも分からないではない。錯綜する時代の厳しい悩みとでもいえようか。

宇野先生の母親は後妻で、先生には腹違いの兄がいた。母は弘蔵を可愛がり、父は兄を可愛がったという話だ。母親はとても信心深く、江の島に遊びに来た時にも、どんな建物にでも拝んでいたので先生がからかって公衆便所にも拝んだら、と笑ったことがあったそうだ。お姉さんはとても長寿で最近亡くなるまで倉敷に住んでおられたようである。

長男を連れ、次男の手を引いて列車で塩釜署まで面会に行ったこと、とても高い塀に囲まれた冬の寒い日の仙台の拘置所の門を見上げた時の恐ろしい印象は忘れられない、と夫人は何度も繰り返しておられた。次男の達二郎さんも、自分の記憶は三歳の時に塩釜署に行った時から始まり、二度目は仙台の高い塀に囲まれた拘置所を訪れた時の記憶だ、といわれていた。

あの事件が先生の一家に残した傷跡は大きかったものと思う。治安維持法で起訴された宇野先生は一審も二審も無罪となったが、東北帝国大学では、教授会は復職を認めているのに総長が復職を認めず、辞職願を先に出させたあとに形式的に復職の手続きを取るというやり方で最後は処理した。背後で動いていたのは文部省である。もともと先生の教授への昇格さえ延ばし続けていた大学である。こんな大学にいてもしょうがないと考えていた宇野先生は、大学を辞めたあと、一家を連れて仙台から東京に出てきた。昭和十六年の三月である。貿易研究所に就職が決まったからである。途中、日光へ寄った。次男の達二郎氏は東京駅に着いてから「リッツ」で食事したことを覚えている。東京に着いてから家を探し、戦時中で転々としたが、中央線の沿線の家が多かった。戦後の高円寺の家は、『経済原論』の印税を岩波書店から前借して買ったという話だ。だがキティ台風でトタン屋根が飛ばされるなどひどい目にあった。そのせいで風呂場が壊れて銭湯に行くようになり、マリア夫人はそこですっかり人気者になって、高円寺が好きになったそうである。

こんな夫婦喧嘩の話がある。もう高円寺を離れた後の話かもしれない。

宇野先生がたくさん薬を飲んでいた頃のこと、宇野夫人が、「そんなにたくさん飲まない方がいいんじゃない」といったところ、「お前は体が元気だから分からないんだ」といわれた。そこで「私は芸者じゃないからうまいことは言えないけれど」と軽口をたたいたら、いきなり怒り出して紫の風呂敷を出してきて位牌などを包み、「お前は出て行けといっても出て行かないから俺が出てゆく」といって、大きな音を出してドアを閉めて出て行った。あわてて追いかけて、大学の先生までやった人がそんなみっともないことはやめなさい、といったので戻ってきた。その日は大学の講義がある日なので大学に行ったが、帰ってきても不機嫌だった。「お帰りなさい」といっても返事がなく、何故不機嫌なのかと尋ねると、「今朝いったことをお前忘れたのか」といわれ、何を言ったか忘れた、というとまた怒った。そこで芸者云々は悪かった、というと、座って謝れという。謝ると、本当に悪かったと思っているのかと聞く。そのとおりだ、と答えて許してもらったが、そのあとはさっぱりしていた、という。

また、東北大学にいた頃、助教授から教授になれずに腹を立てていたときに、「助教授は教授を助けると書くんでしょ。元気をだしなさいよ」と激励したことがある。ところがずっと後になって、『資本論五十年』を読んでいると、その言葉が主人の言葉のように書いてあるので驚いて、「これは私がいった言葉よ」と抗議したところ、「いやそんなことはない。これは私の言葉だ」といって頑張るので言い争いになった、と夫人は笑われる。こういう類の口論は我々のいる前でもしばしば目撃したことがあった。

宇野先生が頑固であったことは分かっている。理論的にそうだったというだけではない。中学の頃、徒競争で二着だったのに審判が間違って一着にしたので、友人が間違いを確認したところ、審判が決めたことだから俺が一番だ、と言い張ったという逸話も残っている。夫人もなかなか頑固な性格とお見受けしたから、ご夫婦でよく言い争いをされていたのもよく分かる。反面、それほど仲がよかったともいえるのではないだろうか。

先生の頑固さとその行動力を示すその最たるものは病院脱走事件ではあるまいか。宇野先生が東京大学を定年でお辞めになってまもなくの頃と思うが、先生に直腸ガンの疑いが生じたことがある。我々もなんとなく先生に元気がないと思っていた。先生は医者が大嫌いだし、奥さまもそれに輪をかけて嫌いだった。先生は親友の神埼三益さんという当時日赤武蔵野病院長だったお医者さんに相談した。神崎先生はこれはやはり手術した方がいいと言われて、嫌々逓信病院に入院した。大内力先生の回顧談によると、先生には恐ろしくて直接いえないので、鈴木鴻一郎先生など三、四人で一緒に先生の長男を呼び出して、親が病気ならちゃんと医者に見せるのが子供の勤めだろうといってお説教したとのことだ。それでやっと入院したのだけれども、先生は病院が不親切でなかなか診てくれない、担当の医者が若造でちゃんと調べない、と文句を言われる。それでだんだん不機嫌になってこの病院を出ると言い出した。でも病院が許すわけがない。

私は宇野先生が亡くなる一ヶ月ぐらい前に、たまたま直接に先生からそのお話をお聞きしたのだけれど、月曜に手術が決まって、それが嫌だった先生は土曜日の夜に病院を抜け出した、のだそうだ。そのきっかけは担当の若い医者が廊下で先生の奥様に、「もう少し慎重に考えた方がいいかもしれない」と打ち明けたということかららしい。上席の担当医はすでに手術以外にないとはっきり述べていた。宇野先生は親友の医師の神埼先生にきてもらって改めて相談した。神崎先生は宇野ご夫妻に経済学のことはいざ知らず、医学のことは医者に任せて欲しい。今どきそんな非科学的なことを言ってもらっては困るといわれた。しかし精神状態がおかしいというのでは仕方ないからといって、後輩であった担当医に頼んで、手術日までには必ず戻るという約束で、一時帰宅の許可をもらって、病院を抜け出したというのである。「あんなところにいたらどうなっていたか、分かりゃしない」と、あとで先生は呵呵大笑されていたが、病院を脱出される時は大変であったろう。

先生が話されるには、「子供じゃないから脱出するには苦労した。一時外出なので荷物は半分以上残したままだった。他の患者の手前もあったから夜こっそりと出た。中野（正）君の奥さんの紹介の病院なので気をつかった」とのことだった。その話をしながら宇野先生が終始愉快そうだったのを覚えている。結局先生は病院に戻らなかった。伊東の温泉に行って手術しないことに決めた、と先生は言われていた。先生は痔でないかといわれていたが、良性の腫瘍がやはり直腸にあることが分かり、それを聖母病院で手術して取り除いてもらってからはすっかり元気になられた。それがちょうど『経済学方法論』の執筆時と重なっている。そしてそのあと高円寺から鵠沼に引越しされたのである。

私は友人と、あるいは一人でしばしば鵠沼に宇野先生ご夫妻を訪ねた。いつも勉強を倦まず続けられていた。宇野先生は常々奥さまに、「自分は頭がよくないけれど、努力したのでここまで来られたんだよ」と話されていたとのことだ。謙遜された言い方だと思うが、先生の謙虚な姿勢が偲ばれて頭が下がる思いがある。実際、先生はわれわれが想像している以上に努力の人である。地味な努力を怠らない。そして話題はいつも経済学である。脳塞栓で倒れられたあとにも、枕頭に『資本論』がいつもあった。亡くなった時、開かれて読みかけのまま枕頭に置かれていた『資本論』を先生の柩に入れたのは、渡辺寛氏の心尽くしだったが、前夜遅くまで不自由な手で支えつつ読み続けておられたとは、奥さまの話であった。

亡くなった宇野先生の四十九日に当たる日の前日に、奥さまから電話があって、「夢で主人が桜を見ているところを見た。杖なしで自分で歩いていたのよ」と話された時には胸が詰まった。その後奥さまはずっとお元気であった。ある年、足を痛めて入院されたが、とてもお元気で、病院でも医師や看護婦、そして患者の人たちの人気を集めていたとの話であったが、結局そこで亡くなられた。

お二人の記憶は永遠に去らない。鎌倉の極楽寺にある先生と奥さまのお墓にお参りする時には、私はいつもスウィートピーの花束をお供えすることを忘れないようにしている。お二人には喜んで頂けるものと思っているのである。

第10章　鈴木鴻一郎先生のこと

一

「君黙っていたらダメだよ」と鈴木先生はときどき私に注意した。私が大学院に入ったころ、多士済々の鈴木ゼミでは、院生たちが、誰かがしゃべり終わるのを待つ間もなく別のものがしゃべると、間髪を入れず次のものが続くというような状態で、熱気に満ちていた。まだ学問に未熟で十分な知識のなかった私は、少し考え込んでいると話はどんどん展開していって理解が及ばなくなることがしばしばであった。とても話に割り込んで議論することはできなかった。そういう状態を見て鈴木先生は直接に、また時には人を介して私に注意されるのであった。塚本健、渡辺昭、降旗節雄、岩田弘、武井邦夫、大内秀明、阪口正雄などの先輩、同輩の活発な議論を聴きながら、それでも私は気おくれしてとても鈴木先生の言いつけに従えないのであった。

鈴木鴻一郎先生は私が東京大学の大学院に入学する前にお会いした唯一の東大の先生であった。私が大学院を受けたいという気持ちがあるのを耳にして、親切にも鈴木先生を紹介してくれた人がいたのだ。私はそれを有難迷惑な気持ちで受け止めていた。顔を知ってもらったところでどうにもなるものでないことは分かりすぎるほど分かっていた。しかし紹介状までもらっていればいつまでもそれをそのままにしておくわけにはいかない。それで意を決して約束を取り付け鈴木先生に面会に行ったのである。教授会の始まる直前の僅かの時間、古い経済学部の建物でお目にかかった。「入ってみなければ何とも言えない。入ってみてからの話だ」というのが先生のお言葉であったが、まことに当然の話である。まだ四十代であったと思われる鈴木先生は、禿げ上がった髪がかなり白く老教授と言ってもおかしくない風貌であった。季節は秋であったと思うが、先生はえんじの厚手のチョッキを着ておられた。私は面会が終わってから緊張で汗がびっしょりだったことを覚えている。その威圧感は何年ものあいだ私から消えることがなかった。

当時、先生は大学院の応用経済学担当ということで、理論関係の入試の面接にも出ておられなかったし、カリキュラム上も理論の演習は持たれていなかったが、確かその年は「流通論」という名称で『資本論』をテキストとする理論関係の講義は担当されていて、ゼミ形式のその授業に宇野演習の我々はほとんど全員出席していた。そこで私は鈴木先生と再会したのであった。

鈴木先生はまことに教育者であったと思う。ゼミでも学生たちに自由に発言させてご自分で発言されることはほとんどなく、議論を縛ることはなかった。時折、院生たちの議論が極端になると「君、百パーセントそう言えるかねえ」、「そう言い切れるかねえ」などと、たしなめられて議論の舵取りをされることが多かったと思う。実験ができる自然科学と違って、実験のできない社会科学ではゼミの討論こそが実験に当たると考えられていた鈴木先生にとっては、全員が議論に参加できるような自由な雰囲気がその理想であり、事実、それは鈴木ゼミの特徴であった。それは宇野先生の場合と対照的であった。宇野先生は院生たちの発言を受け止めて反論し、自らの理解に近づけるように努力された。自らの理解に反することは認められなかった。寛容で独裁的ではなかったが、威厳があり強い指導性があった。それに対して鈴木先生は院生の議論を放任した。議論の主題もその範囲もほとんど制限はなかったといってよい。唯一あったとすれば、近代経済学への傾斜はマルクス経済学からの逸脱として退けられただけだ。当時はまだ宇野理論の正統派を任じておられた鈴木先生は、向坂逸朗氏の研究会に出入りしている院生に、「君は向坂さんのスパイか」などと冗談は言われたこともあったが、労農派的発言であってもそれを封ずるでもなかった。鈴木先生の見解に反対しても、反論されることはあっても承服を求められることはなかったはずだ。その点では宇野ゼミでは大きな理論的逸脱が生じることはなかった。むしろ反論することはできてもほとんど宇野先生に論破、説得されて終わるのであった。どちらがよいというつもりはない。当然、私はどちらからも大いに学ぶところがあった。ただ理論的には宇野先生にほとんどを負うているにもかかわらず、大学の教員として過ごした過程では、鈴木先生の指導に影響された面が多かったことを自覚せざるをえないのである。そして鈴木先生のゼミ生の中から多くの優れた研究者を多方面に輩出したのも当然のような気がするのである。

二

ところで最初に書いたように、鈴木先生に絶えず注視されているような状況は私にとってはいささか苦痛であった。先生は欠席の多い院生にも絶えず注意を喚起していた。したがって休むわけにもいかなかった。私は宇野先生を指導教授に選んでいたが、そうなるといわば必然的に鈴木先生の科目も聴講することになる。鈴木先生は宇野経済学のゆるぎない理論的継承者と目されていたからである。政治的イデオロギー的状況に支配されていた当時の大学院では、講座派の山田盛太郎先生や横山正彦先生の講義には出ないというのはいわば宇野派の院生にとっては当然のことであった。でも私は経済学史の講義だという理由で横山先生の重農主義研究のゼミにも出た。これはいささか異例であったかと思う。他方、私は鈴木ゼミと同時に、当初から玉野井芳郎先生のゼミにも参加していた。当時、玉野井先生は宇野理論の新進の活動的な研究者として目立っていた。玉野井先生は私が大学院に入るとすぐ、「君の指導教授が宇野先生だとしても実質的には私が君を指導するから」と言われた。私は戸惑ったが断る理由はなかった。私は玉野井先生のゼミには皆勤し、そのあとの食事や喫茶店にもお供し、お宅にもしばしばお招きを受けた。大内君が一緒のことも多かった。私が経済学説史に興味があるのを先生はご存じで、それを巡る会話は私にとっては理論よりなじみがあった。

私の研究の軸足はもちろん宇野先生が中心だったが、副軸は鈴木先生から玉野井先生の方に移っていった。二年目に出す修士論文のテーマを巡ってますますそうなっていった。玉野井先生は「転形問題」をやってみようと提案された。イギリスではすでに大きな論争に発展し、日本でも理論的トピックになりそうな問題であった。玉野井先生と二人でずいぶん議論したが、意見に多少の違いもあり、修士論文の締め切りまでにうまくまとめられる自信はなかった。それでかねてより私が興味を持っていたリカードの価値論の修正問題についての『経済学原理』の初版と第三版との比較を扱うことにして、それを修士論文として提出した。そして提出後に改めて「転形問題」に着手し、それを論文にまとめた。それは修士論文には間に合わなかったが、宇野先生には結局、両方読んでいただくことができた。「転形問題」論争を扱った論文も幸い宇野先生の評価をいただき、玉野井先生の勧めもあってそれを活字にすることもできた。抜き刷りを学友に配ったが、興味を持って評価してくれたのは岩田弘さんだけだった。

丁度その頃アメリカ留学を契機にして玉野井先生は急速に近代経済学へ興味を傾けるようになった。宇野先生が定年で東大を去り法政大学に移籍されると、そのゼミ生たちにいくらかの移動が生じたが、大部分は宇野先生から新たに理論の担当に変わった鈴木先生の演習に移動しただけであった。当然、私にも鈴木演習を選択しない理由はなかった。そして鈴木先生の指導と編集によって『利潤論研究』（東京大学出版会、一九六〇年）に市場価値論についての論文を書く機会を得た。しかしその頃から玉野井先生と私の間にぎくしゃくしたものを感じるようになった。そして玉野井先生の編集された『マルクス価格理論の再検討』（青木書店、一九六二年）の刊行が面倒な事態を招くことになった。そこには鈴木ゼミと玉野井ゼミの院生とすでに大学院を経て東大に講師の職を得ていた村上泰亮氏と、いわば玉野井先生の同僚である中村隆英助教授も加わっていた。その本は「転形問題」を扱うマルクス経済学の問題提起の論文から次第に近代経済学的手法の議論に移って、最後にマルクス経済学の提起した問題を数理経済学が解決するというような構成を持っていた。のちに高須賀義博氏が「あとになればなるほどよくなるという構成じゃないか。櫻井さんなぜあんなのに書いたんだ」と言われたが、そう誤解されても仕方がないものであったのかもしれない。

それには鈴木ゼミの院生とその出身者が私を含めて三人加わっていたが、私を除く二人が突然、参加を拒否して脱落してしまったのである。私も参加すれば鈴木ゼミにはいられなくなるような雰囲気であったので、玉野井先生に参加を見合わせたいと申し出ると、大変機嫌をそこねられた。私はそこに論文を二本出していたこともあり、「君は出版を妨害するのかと」と問い詰められたのである。私は板挟みになり動けなくなってしまった。しかし共著者の公文俊平君などはあからさまに私のマルクス経済学的手法を批判していたので、共著者として私はそこに残っても、あとはそこに未練を持たないことにした。それに私の次元の相違論は数学の適用はもともと無理だという見解に立っていた。こうして私は玉野井先生の下を離れて鈴木先生のゼミに本拠を戻すことになった。私は玉野井先生に個人的にもお世話になったことが多く、とても複雑で申し訳ない心境であった。その気持ちは今でも残っている。他方、その論文集に参加することに厳しい態度を示されていた鈴木先生だったが、先生は私を拒否せずゼミに従来通り受け入れていただくことができた。私は前年すでに武蔵大学に職を得ていたが、大学院のゼミには継続して出席させてもらっていたのである。その頃、鈴木先生は岩田弘さんの世界資本主義論の方法を自らの体系に取り込まれ、学部の「経済学原理」の講義も内容をずいぶん変えられていた。私の価値と生産価格の関係についての次元の相違論も鈴木先生の「総過程論」に反映していたように思う。私は自分では宇野理論の継承者と思っていたが、実際は、鈴木＝岩田理論の末端にいたことになるのかもしれない、と思案したりした。

鈴木ゼミが岩田、降旗両氏の牛耳る鈴木＝岩田理論の展開の場になるに従い、侘美光彦、浜田好通氏など、さらに伊藤誠氏など若い院生が続々登場し、我々の様な古い宇野ゼミの残党は純粋資本主義論の守旧派として片隅に追いやられるようになった。それでも鈴木ゼミは依然として自由でおおらかで遠慮がなかった。ただ先生の若い院生に対する要求と指導が厳しくなったという印象はあった。でもそれは我々には関係がないことであった。我々宇野ゼミの残党にとっても居心地は悪くなかった。その頃から私の鈴木先生への恐怖心は消えていった。自分でも驚くほどに無遠慮に先生に対応することができるようになっていた。そうなると先生ほど話していて楽しく愉快な先生はいないと思えるほど先生への理解が深まってくる。

岩田さんと親しかった私は鈴木理論の形成過程をある程度知っていたので、鈴木＝岩田理論ということになると、正直、鈴木先生に懐疑的な気持ちを感じていたことは事実である。このことはもちろん避けて通れない。とはいえ、岩田さんと先生の議論の過程で先生が岩田さんの考えを吸収しながら、それを自ら展開されたとすれば、それは批判するようなことではない。ただ最初の世界資本主義論のオリジナルな構想が岩田さんのものであることを曖昧にして、あたかも自分がその理論の提唱者であるように振る舞ったとすれば、それは批判されても仕方がない。しかし私は先生にそう感じたことは一度もなかった。学問の世界ではある理論的思考の最初の考案者とその理論を学び継承し発展させるものとの間にはおのずから決定的な相違があるが、ただ、互いに議論する中で新しい理論を共有することもあり得よう。鈴木＝岩田理論の形成期が現実的には、鈴木先生を指導教授とする岩田さんの院生時代であったことが事情を複雑にしていることも確かである。だが問題が我々の窺い知れない発想の原点にあるにしても、実際、ある時期からは、岩田理論と鈴木理論の間には、若干の着眼点の相違や展開の方向の違いも出てきていたことは事実なのである。避けることのできない問題であるが、これについてこれ以上ここで私は触れたくない。

三

鈴木＝岩田理論に対する我々の反発と抵抗の中で、私の鈴木先生や岩田さんとの個人的関係はむしろ親密度が増した。我々が純粋資本主義論者であっても、鈴木先生は分け隔てはまったくされなかった。先生のお宅で開かれる恒例の新年会にも外様として出席するようになり、また先生が定年で東大を退官される前後から始めたと記憶する鈴木ゼミの山歩きの会にも欠かさず参加するようになって、先生と私の距離はずいぶん縮まった。時折個人的にも先生のお宅を訪問して、先生の膨大な経済書などのコレクション談義などに耳を傾ける機会も多くなった。外面の厳しさとあまりにも優しい内面とがないまぜになって先生の人格が極めて魅力的なものに映ったせいもある。

先生は東大を定年で退官されたあと、金沢経済大学というところへ赴任された。私はあらためて先生の講義を聞いてみたいという誘惑に抗しきれず、加藤三郎氏をかたらい、金沢に行ってみることにした。東大教授の加藤さんは私の先輩で、鈴木ゼミの出身ではないが、東大経済学部の同僚として鈴木先生とかねてより親しかったのである。鈴木先生にその計画をお話しすると、「君は人の閨房を覗きたいのか」とお叱りにはなったが、閨房ならぬ講義への出席は認めないという条件で、快く金沢訪問を許可してくださった。金沢を訪れた日、先生は浅野川の畔の主計町にある料亭の「太郎」に我々をわざわざお招きくださり、御馳走になった。三人で酒を飲みかわし談論風発でとても楽しく夜の更けるのも忘れるほどであった。

その後、先生は金沢から東京に戻られ、帝京大学に移籍された。そして間もなく先生がご病気だというニュースが舞い込んできたのである。何度か病院を訪問したが、病状ははかばかしくなかった。肺にコバルトを照射しているという先生のご説明から肺ガンが予想されたが、詳しいことは分からないままだった。一九八二年の秋、山口重克君と一緒に帝京大学病院にお見舞いした時、先生は比較的お元気で『資本論』の翻訳だけは早く出したいと述べておられた。マルクスの引用文献をすべて原典から訳しているのが自分の訳の特徴だと、おっしゃっていた。岡崎次郎訳はマルクスの誤訳をそのままにしているが、自分は引用文献は原典から直接に誤りなく訳すべきだと思っている、と語られていたのが印象に残っている。元気を出して頑張ってくださいというと、「君は医者のようなことを言うね、厳しいね」と笑われた。そして「はい、はい、その通りやりますよ」と、応じてくださった。その後何度か伺ったのだが、意識があれほど明瞭だったのはその時が最後であったように思う。あとは意味がはっきり聞き取れない会話が多かったように思う。でも持参したお好きな刺身に口をつけられたという奥様の話に喜んだりしたが、お体はずいぶん衰弱されていった。

一九八三年四月二二日、先生がお亡くなりになったあと、降旗、渡辺寛、森恒夫の三人と私が編集していた雑誌『経済学批判』に私は編者を代表して、「個性的でかつ寛容な敬愛すべき人格への惜別を含めて、学界の大いなる損失として深く惜しむ」と、鈴木先生への追悼の記事を書いた。まことに忘れがたい先生であった。

第11章　鈴木武雄先生の思い出

一

たしか昭和二十四年の四月のはじめだったはずである。私は武蔵高等学校の三年生になったばかりであった。同じその年に新設された新制武蔵大学の経済学部長の要職にありながら、武蔵高校の社会科の授業を受け持たれることになって、鈴木武雄先生が我々の教室に来られたのである。その時が先生との初対面であったと思う。高名で多忙な財政学の大家が高校の社会科の授業を担当されるということ自体が、武蔵大学の創設時のきわめて困難な事情を物語っていたのだが、まだ一年生しか学生がいないという状況の下では授業担当の関係でやむを得なかったのかもしれない。ただいずれにしても当時、私が生徒として所属していたのは高校の方で大学の方ではなかった。したがって正直その頃の大学の事情には関心がなかったし、当時の武蔵大学に対する一種の偏見と反撥から私自身免れていなかった。しかしそのこととは別に鈴木先生が武蔵大学におられ、高校生の私たちを指導してくださるということについては、皆一様に誇りを感じていた。ただ、だからと言ってそれが真面目な受講態度になって現れるかというとそうではなかった。先生は生意気で騒がしい悪党たちをどう扱っていいかだいぶ戸惑っておられたように思う。

はじめは講義ふうにお話になったが、後半からは報告者を決めて報告させ、ゼミナールふうに運営された。生徒の方は勝手に「避妊の方法」などというテーマで報告したりするものだから、だいぶ当惑されたと思う。あまり行き過ぎないように、と注意をされた時の先生の表情は今でもはっきり思い浮かべることができる。

講義の方では、丁度その年の三月にいわゆる「ドッジ・ライン」が敷かれ、ご専門の財政学者としての活躍に脂が乗りきっておられた時期の先生としては当然のことであったが、経済の問題にはあまり関心のなかった私たちに、「経済九原則」について蘊蓄をかたむけられ、「竹馬経済」とそこからの脱却を熱心に説かれた。時期から言っても先生の講義は内容の濃い充実したものであったはずだ。私は先生が黒板に書かれた横文字のTrue Balance of Consolidated Budgetという言葉の内容を、戦時中のアメリカの爆撃機コンソリデイテッドB-24の姿を思い浮かべながら、その先生の説明を理解しようと努めたのであった。実際、私の「ドッジ・ライン」についての知識は今でもその時に得られたもの以上ではない。また、ニュー・ディールについてお話しされた時の先生の情熱にあふれたまなざしも強く印象に残っている。リリエンソールの『TVA』の翻訳がたしか出て間もない頃で、その本を振りかざしながら熱心に資本主義の改革について説かれたのであった。先生はまだ五十歳になられる前だったかもしれない。若々しく眼鏡の奥に生気がみなぎっていたように感じられた。

私はその後たまたま病をえて、そのまま武蔵大学に籍を置くことになったが、三年ほどは大学にほとんど行かなかった。鈴木先生の講義にも一回も出席しなかった。というより健康を害していたために出られなかったというのが正しいであろう。当然ほかの講義にも出席しなかった。語学でさえも例外でなかった。今だったら退学させられていただろう。でもその頃はなぜか寛大であった。新設の大学で、教養課程の先生方は旧制の高校の先生方が多く、顔なじみであった。しかし専門の経済学部の先生とはほとんど顔を合わせたことがなかった。大学に通っていなかったので友人もほとんどいなかった。ただ試験だけは受けられれば受けていた。教養の科目は何とかなったとしても、専門の経済学は歯が立たなかった。鈴木先生の財政学の試験では、ノートはもちろんないし借りる友人もいないので、やむなく本屋で他の著者の財政学の本を二冊買い求め、隅から隅まで読んで受験したが、もちろんいい点は取れなかった。私は鈴木先生に学んだとはとても言えない学生であった。そういう点で言えば鈴木武雄先生が経済学部の学問的象徴でもあった武蔵大学の学生とは私はとても言えないモグリの学生に過ぎなかった。

二

三年かかってやっと健康を取り戻した私は一年留年してなんとか卒業に漕ぎつき、東京大学の大学院に進学して間もなく、鈴木先生も武蔵大学をやめられて東京大学の経済学部教授として赴任されてきた。鈴木先生は東京大学の大内兵衛教授が退官されるとき、後任者に擬せられていたにもかかわらず、戦時中出版された著書の叙述の一部がＧＨＱの公職追放令にひっかかり実現されず、追放が解除されたのち武蔵大学で職に就かれたのであった。武蔵大学の初代の経済学部長という当時のお立場からすれば、苦渋のご決断であったと思うが、考えてみればいわば予定された復帰であったともいえよう。

私は鈴木先生のゼミに属したこともなく親しくお話しする機会もなかったのだが、ただ武蔵大学にいたということだけで、当時、やはり東大の農学部の大学院に進学しておられた鈴木先生と親しい先輩の新井（斎藤）信男さんと一緒に、先生を上野のトンカツ屋にお招きして、再会を祝するという趣旨の会を開いたりした。その後も何回か用事もないのに先生を研究室にお訪ねしたりした。先生はいつも必ず原稿を書かれていて、その力を入れずさらさらと動かされる万年筆の手を止めて、やあ、とにっこりしながら机から振り向かれる先生の温顔が今も目に浮かぶのである。

先生はそのあと東京大学を六十歳の定年でおやめになったのち、再び武蔵大学に戻られ、私も運よくほぼ同じころに武蔵大学に就職できることになった。今度は同じ教授会のメンバーとして先生のお傍で親しくご指導を得られるようになったのである。鈴木先生のゼミのＯＢ会である「四月会」にも参加を許されるなど、お目にかかる機会も増えた。しかし私が残念でならないのは、そのような恵まれた環境にありながら、先生にじゅっくりとお話をうかがう機会があまりにも少なかったことである。もっとお話をうかがって教えを受けておくべきだったと思う。そしてそれは必ずしも経済学の話の限らなかったはずである。

数年前のことであるが、何かの折に先生の研究室をお訪ねして、先生の面白い昔話をお聞きしたことがある。それは昭和の初年のマルクス主義全盛のころの話で、その中には先生が共産党に入党を勧められたが断ったというような話があって、私は大変興味をひかれた。私は戦前から戦後と激動の時代をマルクスとケインズの経済学で培われてきた経済学者として外地朝鮮の京城大学を中心に歩まれた先生の軌跡を、先生に詳しくお話しいただいてテープに取り、それを編集して活字にすれば、時代の資料的な意味を含めて有意義な仕事になるのではないかと思い、先生のご了解をあらかじめいただいてから、二、三の出版社に打診した。しかし先生の弟子でもない私が勝手にそのような企画を進めることに若干の躊躇を感じて、先生に親しい何人の方にその具体化の方法などを相談しているうちに何となく延び延びになってしまった。その後たまたま『エコノミスト』誌上で「社会科学五〇年の証言」という企画の第二番目に、高橋誠、加藤三郎の両氏が鈴木先生にお訊ねするという形で、昭和四八年七月三日号から七回にわたって連載の座談会が掲載され、私の考えていたことはそこである程度は実現した。しかしもっと詳しくお話を聞きたいという希望を私は抑えきれず、ある出版社の快諾も得たので、先生に改めてお願いして、その具体的な手順など相談しようと思っていた矢先に、突然先生が倒れられたのであった。大学紛争のさなか、先生は学長に選ばれ、しかも授業料の二倍値上げという困難な仕事を押し付けられて、ご心労が続いたあげく学長室で先生は倒れられたのである。大学の近くの病院に運び込まれた先生を正田学園長とご一緒にお見舞した私は、先生とその時、そしてそのあとも亡くなるまで、結局お会いすることはできなかった。そしてそのあと、病院から車で大学に戻った正田学園長を過激な学生たちは車内に閉じ込めて監禁したのであった。そういう物情騒然とした時代であった。我々は年老いた鈴木先生をこの時期に選挙で学長に推挙したことを心から後悔したが、後悔は先に立たない。申し訳ない気持ちで一杯であった。

あの数日前、学内でお会いした時の「最近は調子がいいんだ」という先生のお言葉をそのままに信じていた私は悔恨に胸が詰まった。先生にお約束して果たせなかったその空白は永久に残されたままである。

第12章　シエナの森嶋通夫先生

イタリアのシエナでお会いしたときの森嶋さんの元気な姿が、いつも私の脳裡に残っている。あれは一九九〇年の五月頃だったと思う。森嶋さんとの何度目かの再会のときであった。

一

私が初めて森嶋通夫さんにお会いしたのは、私がちょうどイギリスに最初に留学したときのことで、一九七一年の夏休みも過ぎた十月の頃だったと記憶する。その当時、森嶋さんは日本の大学に愛想を尽かし日本を脱出され一年ほど居られたエセックス大学から、ロンドン大学のＬＳＥ(London School of Economics and Political Science) に移られて多分一年ぐらいになる頃だったように思う。私はロンドン滞在中に偶然のことから、その頃森嶋さんとの知遇を得たのであった。

それはこういういきさつである。当時私の旧知の先輩である東京大学の加藤三郎教授がやはりＬＳＥに留学していた。その加藤さんがあるとき私に、森嶋さんが誰かロンドンにいる日本のマルクス経済学者に紹介してくれないかといっているから会ってみないか、と勧めたのである。私はそのときはとりあえずお断りした。正直あまり会いたくなかったのである。というのは森嶋さんがその何年か前に『経済セミナー』という雑誌に、あるエッセイを寄せてマルクス経済学者の不勉強を揶揄していたということがあったからである。それはいわゆる「転形問題」に関わるもので、森嶋さんはその議論のために我々は「フロベニウスの根」の勉強などもちゃんとやっているが、マルクス経済学者諸君はそれをやっているのか、と皮肉る内容のものであった。私はちょうど日本で「転形問題」——当初は『転化問題』と呼んでいた——を初めて本格的に扱ったということで、その専門家ということにされていたためもあって、その批判にマルクス経済学者としてはなはだ不愉快な気がしていたのである。

「転形問題」論争はその頃すでにマルクス経済学から数理経済学の領域に重点を移してきて、数学的な解決ということが求められるようになっていた。大学院仲間の公文俊平君がそれを読んで発奮し、近代経済学を熱心に勉強し始めた、ということもあった。「置塩定理」で知られる置塩信雄さんのように日本のマルクス経済学者の中にも、積極的に数理的な扱いをする人が少しずつ増えてきていた。私も二階堂氏の本などでフロベニウスの定理について少し勉強はした。またシートンの論文の紹介などもしたし、*American Economic Review*などの学会誌に載った数々の論文なども読み、転形問題に関する数理経済学者の業績のフォローにも努めた。ただ私は宇野弘蔵『経済原論』や岩田（弘）理論を参考にしながらも自分なりの『資本論』理解に基づいていわゆる「次元の相違」論を唱え、「転形問題」を数学的に解決することはできないと主張していたので、言ってみれば森嶋さんたちとちょうど正反対の立場に立つことになるのであった。また、数学の利用の是非という点では、その利用に限界を指摘する私は置塩さんにも批判されていた。私のそういう位置づけはまさに森嶋さんの批判の対象にふさわしいものであったに違いない。そういうわけで議論にならないと思い、お会いしてもしょうがないのでお断りしたのだった。

しかしその後も再三加藤さんに勧められ、そのうち森嶋さんの目的が「転形問題」ではなくて、マルクスの書いた代数についての論文のことらしいとわかってきたので、ある日会うことにしたのである。

最初、何処で会ったのかはっきり覚えていないが、多分森嶋さんの研究室ではなかったかと思う。人によって違うが、ＬＳＥの先生方の研究室は概して広いものではない。古い建物にある研究室はかなり広かったが、新しい建物にある森嶋さんの部屋は日本的水準で見ても狭く粗末なものであったことに驚いた記憶がある。

初めてお会いした森嶋さんは、マルクスの数学の論文を是非見たいので、日本語の翻訳があるならコピーでいいからそれを手に入れたいというのであった。確かにマルクスには遺稿として残された代数の論文がある。話しているうちに、その論文が読みたいが原文の独文以外には英文の翻訳もなく、日本語の翻訳しかないらしいので、それが見たいとのことだった。それで、私の持っているのを一部コピーして差し上げましょうということになった。ただ日本の自宅から取り寄せる必要があり、とりあえずその本の目次と大事そうな箇所をコピーして東京から送らせたが、全部見たいといわれるので結局あとから本を取り寄せてお渡しした。

当然というべきか、そのマルクスの代数学に関する論文そのものへの森嶋さんの評価は厳しいものだったが、それが縁となって森嶋さんと親しくなったのはまことに恵まれた偶然というしかなかった。朝、途中で買ってきた新聞を大学の図書館で読んでいると、「昼飯食いに行かんか」と私を探しに来られたのが最初だったように思う。それ以後、実に頻繁に森嶋さんとは研究室、図書館やレストラン、喫茶店、ロンドン郊外の森嶋邸などで、あるいは大学周辺の屋外を散歩しながら、話を伺う機会を得た。その中ではもちろん当時、話題になることの多かった「転形問題」についての話もかなりした。私のそれについて書いた論文のコピーもお渡しして、評価していただいたのも嬉しかった。ただそのときも私の現代経済学についてのコメント部分はいただけないとのお話であったが、私の熟知していない領域であれば当然のことであったろう。

またワルラスを使いながらのマルクスの価値形態論の話もした。宇野シューレというのが、宇野先生をボスとする学閥ではなく、理論を共有している開放的な研究集団であることを説明したりもした。宇野先生が権力志向でないということに森嶋さんがびっくりされたのが印象に残る。ともあれ数理経済学の人と接触する機会のすくない私にとって、まことに得がたい機会であった。先生が学者としても、人間としても、マルクスを尊敬されているというのも、私にはわだかまりなく話せるので有難かった。いわゆる価値法則についてのマルクスとエンゲルスの理解の違いなども私はよく話題にした。そのことは森嶋さんののちの論文の中に反映していると私は考えている。ともかく話題が豊富な先生はいつも私を刺激した。それは先生の愛好するラグビーや日本の阪神タイガースの話から日本やイギリスの政治、経済、教育、文化の実情、そしていうまでもなく経済学、ワルラスやマルクスへの敬意、数理経済学の限界の指摘と現状分析と理論の空隙を埋めるパレート的な意味での「社会学」への関心、権威主義への憎悪、日本への愛憎交えた想いなど、きりがない。しかもどれもこれも考え抜かれた話で単なる思い付きではなく、筋が通り空虚な雑談や無駄話とはぜんぜん違って非常に濃い中身を持っていた。そのため話のあとは結構疲れたが、収穫はじつに多かった。

また森嶋さんは、日本の近代経済学者はだいぶよくなって世界の学界でもその貢献は大きくなってきたが、七番、八番を打つものは出てきたものの、クリーンアップを打つものはまだいない、と野球にたとえながら、日本人の学者の名前を何人か挙げられたことも印象に残っている。また自分はこれから大物を扱うつもりだといわれて、マルクス、ワルラス、ケインズ、シュンペターをその目標に挙げられたと記憶する。その後、最初に著書としてまとめられたのがマルクスで、帰国後に頂戴したその『マルクス経済学』の序文の中に、私の名が謝辞とともに注記してあるのを発見したとき嬉しい驚きと恐縮を思い出す。私は森嶋さんの秘書の女性からあらかじめタイプされた膨大な講義の原稿を渡されていたのだが、それに十分コメントできないままだったたからである。森嶋さんがそのあとリカードを対象にさらに加えて、その予定を著書として着々とこなして行かれたことは多くの人の知るところであろう。のち刊行された森嶋さんの『著作集』を眺めれば、その業績の大きさは歴然としている。

それだけではない。話は元に戻るが、私は帰国するまで、ロンドン・スクールで森嶋さんの大学院の授業に出席していたが、時に誘われてスタッフのセミナーに参加したこともある。転形問題がらみの報告があると森嶋さんが必ず誘いに来てくれるのだ。かなりの数の研究者が出席していたある研究会の席で、話の途中で森嶋さんが報告者に噛み付き、大いに紛糾したことがあった。森嶋さんの弟子の東欧からの研究者も同調し、ぜんぜん報告が進まなくなった。"I didn't say like that"と大声で怒鳴る森嶋さんの言葉が印象に残っている。結局、司会のピーター・ワイルズ教授のとりなしで、報告は続けられたが、その後セミナーは盛り上がることなく終わった。そのあと森嶋さんと二人で食事をした。「ピーターは大変だな、あとで慰めるのに」と森嶋さんは笑った。

ピーター・ワイルズは森嶋さんと親しい同僚の教授であった。報告者をセミナーに招待した人があとでその人を自宅に泊めてご馳走する習慣なのだそうだ。報告者は若いアメリカ人であったが、汗びっしょりという感じであった。森嶋さんは「あんなのに驚いちゃいけない。ジョーン・ロビンソンはあんなもんじゃない、報告者が口を開くと直ぐに攻撃が始まるんだ」と、嬉しそうであった。ケンブリッジ論争の頃の話なのであろうか。私は歴史研究所のジョン教授のセミナーに、加藤三郎氏と参加させてもらっていたが、熱心な議論はあったものの、あんな激しい議論の応酬に出会ったことはないし、大学院のクラスと呼ばれるセミナー形式の授業でも、そういう経験はなく、むしろ日本の大学のセミナーに似て議論はそれほど活発でなく、せいぜい主催する教師とまれにコメントするために招かれた教師とが適当にやりあう姿を見ただけだ。だからその時の厳しさにびっくりしたが、たんに学者のパーソナリティに触れるというだけではなく、イギリスの知的学問的雰囲気を知るという意味でも、とてもいい経験をさせてもらったと思って喜んでいるのである。

そういうわけで森嶋さんとはずいぶん親しくさせていただいたのだが、そのせいもあって一九八〇年と一九九〇年に、それぞれ短期ではあったが、イギリスに滞在したときにも、森嶋さんとはお会いして旧交を温めた。短期の滞在の折のＬＳＥの図書館への入場許可証の発行の手続きも、森嶋さんにやっていただいた記憶がある。森嶋さんの方からやってあげようと声をかけていただいたのだ。とても親切で優しくいつもお世話になった。

また森嶋さんが一時的に日本に帰ってこられたときにも、何度かお会いした。高須賀義博氏と計らって一緒に本郷の東大のそばの公務員共済組合の宿舎に東大の院生など若手を集めて、森嶋さんに話を聞く会を設けたこともある。慶応大学で行なわれた研究会にも同僚だった黒坂佳央氏と一緒に出席して、その帰り東京女子大構内の宿舎まで送って行ったこともあった。武蔵大学にも二度ほど来ていただいて、学生への講演、一般向けの講演、学内の経済学のセミナーなども開いた。そのときもそれぞれ面白かったが、詳細は割愛する。ただ旧制浪速高校出身の森嶋さんが、旧制の武蔵高校とその後身の武蔵大学にとても親近感と好意を懐いていただいていたことは記憶に留めておきたいと思う。

このように森嶋さんとの思い出話はたくさんあって前置きが長くなってしまったが、ここで書こうとしている森嶋さんとのシエナでの思い出というのは、私がその一九九〇年に三ヶ月ほどイギリスに滞在した折に森嶋さんに招かれてシエナに行った時の話しである。四月の末から五月はじめにかけての頃であった。

二

それは私のロンドン三度目の滞在のときで、すでに触れたが、そのときもロンドンでは森嶋さんにいろいろとお世話になった。森嶋さんはそのときＬＳＥの教授職は定年で退かれていたが、付置研究所の所長はされていたと思う。以前と同じ研究室におられた。そしていつものように何度かお会いして話しているあいだに、そのうちシエナ大学で大学院の講義をすることになっているので、それが終わった頃シエナにある自分の家にこないかというお誘いがあった。そしてシエナはとてもよいところだから、講義のあいだは家にこられても講義の準備があるから、それが終わるまでホテルに泊まってシエナを観光していたらどうか、といわれて奥さんがホテルまで予約を入れてくれることになったのである。森嶋さんはシエナにマンション風の別荘を持っていたのだった。私が喜んでそのお誘いを受けたことは云うまでもない。

私は指定された日にロンドンからシエナに向かった。途中、飛行機の上から眺めるアルプスの山々はとても美しく、窓から眺めていると周りの何人かの人が口々にいろいろ山の説明をしてくれたのも嬉しかった。何処をどういったのか今ではすっかり忘れてしまったが、空港からバスで着いた町のはずれから中心のホテルまでだいぶ歩いたような気がする。タクシーだったのかもしれない。古めかしいホテルで部屋の壁も床もバスタブに至るまで大理石なのにびっくりしたが、ドアの鍵がなかなか閉まらないのには閉口した。でも天井も高く堂々としてひんやりとした感じがまた趣をそえた。

しかもホテルに着いてまもなく森嶋さんご夫妻が訪ねてこられたのには本当にびっくりした。様子を見に来たというお話であった。奥さんがよくご存知のホテルであるとのことで、予約していただいただけでなく、その後の使い勝手にまで気を使ってくださったその親切なお心遣いに私はすっかり恐縮してしまった。

その後の数日間、私はシエナの街を毎日ひとりでぶらぶら歩いた。旧市街はそれほど大きくはない。有名なカンポ広場と大聖堂をつなぐ石畳を挟む商店街を中心にした低い丘の上の町で、歩いて一回りしてもそう時間も掛からない程度の広さしかない。もちろん現在の行政区域としてはもっと大きく広がっているのだろう。ただ旧市街だけは大体歩いてみた。結構坂が多い。いろいろな施設や店も多く、食事の場所にも事欠かない。朝、昼、晩の食事も別々のところで取り、有名な大聖堂をはじめ、教会の建物をいくつか歩き、美術館ものぞき、カンポ広場に面した八十八メートルあるといわれるマンジャの塔の上にも螺旋階段を上って頂上まで登った。長い行列で下りの人と入れ替わりながら一歩一歩登って行くのは結構大変だった。途中の階段の壁に各国語の落書きが無数にあり、なかには日本語で「がんばれ、もうすぐだ」というのもあった。上から見ると眼下のシエナはもちろん広くトスカーナ地方を遠望できる。街でぶらぶらしているときに、ちょうどメーデーの日に当ったこともある。メーデーもカンポ広場に集まったシエナの街の人たちが楽隊つきで行進するのである。その姿を真近かで見ながらヨーロッパにおけるコミューン（共同体）というものの存在感を痛いほど感じたりしたのである。

途中で一回、森嶋夫人にお招きいただいて、一日、車でトスカーナ地方をあちこち案内していただいたことがある。あれほどゆったりと美しいトスカーナの平原、点在する丘、そしてその丘の上の町を眺めたことはない。まったく奥さまのお蔭で得がたい経験ができたことを今でも感謝とともに記憶にしまいこんでいる。丘の上に城と町があって、車の中からある間隔でそれが次々に現れるのを見ていると本当に絵のようで、これがトスカーナなのだなという気がしてくる。今考えても懐かしい。ただ何処へ行ったのかは実ははっきりした地名の記憶がない。奥さまが説明してくださったのだが忘れてしまった。私は地図も持っていなかった。観光案内にあるような場所ではない小さな村や教会が多かったと思う。そういうところある小さな礼拝堂にも伝ダ・ヴィンチ作といわれるような絵があるのが印象的だった。学校から引率されて見学に来ていた小学生たちが私たちのところへ寄ってきて、「ジャポネーゼ、ジャポネーゼ」と口々に珍しいものでもみるように叫ぶのも面白かった。イギリスではそういうことはほとんど経験しなかったからでもある。

昼食をとったのも本当に田舎の食堂であったが、森嶋夫人が「主人は飲まないけれども私は飲むんです」といわれて、ワインを一緒に頂いたのが印象に残っている。トスカーナに来てワインを飲まないということはないと私も思っていたからである。もちろんそのあとも奥さんは車を運転された。その日の夜だったか、そのあとだったか森嶋ご夫妻と外のレストランで食事をしたときに、私と一緒に奥さまがワインを飲まれる姿に森嶋さんがびっくりされていたのも楽しい思い出だ。

森嶋さんのシエナ大学での講義が終わった日、森嶋さんはシエナ大学の中を案内してくれた。多分古い教会の建物を利用したもので、図書館などの施設は地下にあった。また地上の大きな建物の中にある新しい教室は広くそれをつなぐ廊下も広く、全てが大造りであった。森嶋さんは、「日本の大学と逆や」という。日本では収容人数の方が聴講学生よりより小さい教室を造って学生が減るのを待つのだが、ここでは全部の学生が収容できる大きさの教室を造るものだから、学生は前の方にチョコッと座っているだけでガラガラだというわけである。後ろの窓から学生がどんどん教室を「逃げていきよる」という情景の面白おかしい説明があった。もっとも先生はそこでそういう授業をしているわけではなくて、シエナ大学、ピサ大学それにフィレンツェ大学だったか、ともかく隣接する三つの大学が大学院を合同で運営していて、その連合大学院の集中講義にシエナ大学から招かれて毎年来ているという話だった。だから丁度そこの研究室に居合わせたケンブリッジ大学のフランク・ハーン教授とお会いする機会もあったが、ハーン教授も森嶋教授もこもごも現在の数理経済学は駄目だ、行き詰まっている、と語られたのが印象的であった。純粋理論に過ぎて、現実に何の問題意識もない空論だというのであっただろうか。森嶋さんは当時、すでに歴史、政治、経済、社会問題について広範囲に鋭い発言をされていたのであった。

その日から私は森嶋さんのマンションの泊めていただくことになった。シエナの町の中心からはだいぶ離れているが、とても素朴で田舎の風情があり私は興味津々だった。かなり距離は離れていたが、隣地に大きなサッカー場もあった。サッカーについての話しもされていたが、私はイタリアのプロサッカー事情については無知であったので、聞いても正直よくわからなかった。マンションは四階建てで各フロアは一つまたは二つに分かれていて、四階の半分が森嶋さんの別邸なのであった。非常に広くはないが日本的感覚では十分余裕のある広さであった。記憶がやや薄れてしまったが、私は多分そこに三泊させていただいて、森嶋ご夫妻とあちこちを車でご案内していただくという光栄に浴したのだった。しかも毎日である。

始めはピサに行ったように思う。斜塔は修理中だったが、もちろん外から眺めただけである。聖堂にも入らなかった。少しあたりをぶらぶら歩いたが、黒人がとても目立った。政府の政策的な措置で黒人がここに集まるようになってしまったという森嶋さんの説明は政府に批判的であったように思うが、その理由など詳しいことは忘れた。ピサの町を去るときT字型の道路に左ローマ、右ローマと標識があり、「すべての道はローマに通じる、や」と森嶋さんにいわれて私も思わずカメラを構えたが、一瞬にして車はそこから曲がって遠ざかってしまったことも記憶をよぎる。

三

サン・ジミニャーノに連れて行っていただいたのも思い出深い。美しい塔がいくつもそびえていて「中世のマンハッタン」と呼ばれることがあると、奥さまにお聞きしていたが、行ってみて始めてその意味が分かった。狭い坂の両脇に細長く高くそびえる塔がたくさん並んでいる。確かに遠くから見るとマンハッタンのビルのようだ。昔、貴族たちが富の象徴として塔の高さを競い合ったとのことであるが、今は危険で昇れるものは少ないそうだ。記憶が今はっきりしないが、確か坂の上のほうに一つだけ今でも上れる比較的大きな塔があって、そこに登って辺りを眺めたような気がする。森嶋先生は途中で休んでいて、そこまで来られなかったのではなかったか。それともそれは他のところだったたか。記憶がすでにだいぶ曖昧になっている。

アッシジへ行ったのも印象的であった。行ったといってももちろん森嶋夫人の運転する車に、森嶋先生と私が乗せてもらって、連れてっていただいたのである。開けた美しい平原を見ながらアッシジの街を歩き、サン・フランチェスコ聖堂に行く。森嶋さんご夫妻にとっては何度来たか知れないところであろうが、私は初めてなので心が弾んだ。長い時間をかけて造られ、その内部のジオットの有名な絵をはじめ、著名なフラスコ画の数々は、サン・フランチェスコ聖堂の名をあまねく世に知らせているものだ。多くの観光客であふれる通りをゆっくり散策して、途中の喫茶店で三人でコーヒーを飲み菓子を食べながら会話が弾んだことも懐かしい思い出だ。先生も奥さんも親切で優しく、いろいろ気を遣っていただいた。日本で聞く森嶋さんのイメージはずいぶん歪められて伝わっているとそう思った。

マンションでも夜いろいろ話をした。ベルリンの壁が破れて間もない頃であったので、そういう話もした。女子学生にもらったというベルリンの壁の破片を見せてくれたが、私はその破片の欠片を森嶋さんからさらに記念にもらった。また当時、Tessa Morris-Suzukiというオーストラリアの大学教授が*A History of Japanese Economic Thought*という本を出したが、たまたま私がロンドンの本屋で買って宇野さんのところなど読んでいたから、その印象など話すと、ぜひ見せてくれといわれてちょうど持っていたのでお貸しすると、翌朝、案外よく書けている、といわれた。一晩で目を通されたのであった。先生ご自分の箇所を読まれた印象かとも思ったが、私も同感だった。その本は日本の本をよく読んで実によく理解しているというという感じがあった。Tessaというのは女性の名前だ、とご夫妻に教えられたのを覚えている。私はそれまでその著者が女性だとは気付かなかったのだ。今では日本の社会科学の研究は外国でもかなり行われているが、一九九〇年の段階ではまだそれほど目立ったものはなかったのだった。その著書はのち翻訳が出たが、マルクス経済学も近代経済学もともに扱って、バランスよくなかなか事態適応的であると思う。あの厳しい森嶋さんが好意的に評価されたので特に印象に残っている。

やがて森嶋さんの家を去る日がきて、森嶋さんはご夫婦でバスの停留所までわざわざ送りに来てくださった。私がボローニアに寄ってからロンドンに帰りたいと話すと、いろいろ旅程を考えて、バスでフィレンツェへ行きそこから列車でボローニアに行く道を勧めてくださったのだ。バスの停留所の小屋で話しながらしばらく待っていると、やがてバスが来て、乗り込んだ私を何時までも手を振って見送ってくださった森嶋さんご夫妻の優しい姿が忘れられない。その後も東京で何度かお会いしているのだが、いつもそのときの姿がなぜか先生の最後の姿として私のまぶたに焼き付いているのである。

私は予定通りボローニアの街を歩き、古い大学をのぞき、何日かを過ごしてロンドンに戻った。森嶋さんとの忘れられないとても充実した一週間であった。

その後、森嶋さんが亡くなったということを聞いた。ご病気とは存じていたがあまりにも突然であった。ちょうど私は旅行中で、だいぶ後になって知ったために、お宅に弔電を出すことができなかった。まだ十分に先生のお話しを聞いたとはいえないままにお別れしなければならなかったのが残念でならない。

III

第13章　アダム・スミスとドクター・ジョンソンとの交流

一

伝記をいろいろひもといていると、意外な人物同士の交流に興味を引かれることがある。偶然と思われる邂逅がそれなりの意味を込めて歴史に刻まれている。私がここで取り上げるのはアダム・スミス（一七二三〜一七九〇年）とドクター・ジョンソン（一七〇九〜一七八四年）である。ほぼ同時代のスコットランド出身の「経済学の父」ドクター・アダム・スミスとイングランドの地方から出てきてロンドンで修行して名を成した「文学界の帝王」ドクター・サミュエル・ジョンソンという二人の巨人のことである。二人は喧嘩したり対立したりしながらも、スミスが『国富論』の最終的な仕上げをしたロンドン滞在中の一七七五年に、ジョンソン博士の「文学クラブ」に参加を認められ、彼は足繁くそこに通ったという話である。私は経済学史研究の合間、アダム・スミスの伝記を辿っていてたまたまその事実を知って興味をもった。

二人の背後に影を落とすのはイギリスにおける煙草の輸入の急激な増大とそれに伴うタバコ文化の隆盛である。コーヒーハウスの流行と新しく始まった紅茶の輸入も逸せない。そして同時にイギリス文学史上にも画期を成すnovel（小説）のジャンルが開かれた時代でもあった。実際、その時代はクラブ、酒、紅茶、タバコ、コーヒーハウスを抜きにしては語れない。それらはイングランドの商業的繁栄そのものを現わし、スコットランドのイングランドとの合邦（一七〇七年）によるスコットランドへの繁栄の伝播の証明でもあり、あわせてグレート・ブリテンの経済的繁栄の賜物に他ならない。

タバコは周知のように、一四九二年スペインのパロスを出港したコロンブスの乗船する帆船「サンタ・マリア」が、現在の西インド諸島のサン・サルヴァドール島に上陸した際、そこの住民から受け取った「芳香を放つ乾いた葉」をもって、ヨーロッパでの新発見とされることで間違いないであろう。それはスペインを出発して七〇日目の一〇月一二日であったという。ただ記録によれば住民が煙草の葉をくるくると巻いて葉巻のように吸っているのを船員が目撃したのは、その二十日ほど過ぎて別な島に上陸してからとのことである。もっともその前に誰か住民が「葉巻」をくわえて煙を出しているのを見た船員がいたに違いないと推察を下したのは梅田晴夫『タバコ博物誌』（エルム新社、一九七六年）である。この本は私のようなタバコ学の素人にも興味深く、そこでの何故シェクスピアの作品にタバコが出てこないかの説明に、なるほどと膝を打ったものである。簡単に言えばタバコ愛好時代はエリザベス女王の死と「タバコ排撃論」を自ら執筆してその禁止を主張したジェームズI世の即位とともに終わりを告げ、その時代の断層の中で後半の人生を生きなければならなかったシェクスピアはあえてタバコには触れなかったというのであったと記憶する。ジェームズI世がイギリスに喫煙習慣を持ち込んだといわれるエリザベス女王の寵臣サー・ウオーター・ローリーを終生憎悪し、最後に死刑にしたのもそれに大いにかかわりがありそうだ。その辺のことは最近出た青木芳夫氏の『シェクスピアのタバコ』（山愛書院、二〇〇六年）に一層詳しいので、興味ある人はついて参照されるとよい。

さてジェームズI世は、スペインからの輸入を禁止するというタバコ規制にもかかわらず減らないタバコ愛好にたいしてさらに高関税で対処するが、その結果招いた高価格がかえってヴァージニアの煙草の増産に火をつけ、輸入は増えるばかりとなったのである。国王は専売制の導入によって対抗しようとしたが、議会に反対された。その後の歴代の国王もタバコ抑圧に精力を費やすが成功することはなかった。国王と議会が対立してゆく中でピューリタン革命に至り、クロムウエルが独裁政権を握るが、タバコについては代わり映えのしない政策に終始した。そしてその頃タバコは道徳的・医学的な有害論ではなく重商主義政策の一環を担うものとして考えられるようになったのである。すでにタバコは多少は贅沢なものであるにせよ、誰でも消費するごく普通の嗜好品になってしまっていた。

したがってタバコはスミスやジョンソン博士が登場する頃にはすっかりイギリスの朝野に普及していたといってよいだろう。初めはイングランドのブリストルがスペイン経由での煙草の主な輸入港だったが、一七〇七年のイングランドとスコットランドとの合邦によって、グラスゴウが煙草のアメリカ・ヴァージニアおよびメリーランドからの直接の輸入港に代わった。それはもっぱら嗅ぎタバコ用の煙草の輸入港だったようだ。そしてそれは大部分ヨーロッパに再輸出された。グラスゴウは当時煙草や砂糖の貿易で隆盛を極めたのである。

二

ところでアダム・スミスであるが、エディンバラの対岸の町カーコディで一七二三年に生まれた彼は、のちグラスゴウ大学の教授になってグラスゴウに移り住んだ。そこで多くの友人ができたが、そのなかにタバコ商人が何人もいた。みな大商人で同時に大地主でもあった。当時のスコットランドの知識人がスコットランドの農業問題とその改革に力を割いていたことはよく知られた事実である。彼らはスミスが生まれた年にできた「農業知識改善協会」に結集していた。農業が当時の経済の中心であったからである。スミスが彼らとどのような付き合いでありどのような話をしたかは詳しくは分からない。ただその会話の中からただ農業の改善の話だけでなく、大商人の活躍ぶりや当時まだイギリスの植民地であったアメリカの様子もつぶさに学んだに相違ない。

アダム・スミスがタバコを好んだかどうかわからないが、パイプはやらなかったが嗅ぎタバコはやっていたという記述が残されている。但し典拠は定かではないが、彼が大学教授時代を過ごしたグラスゴウの街が、嗅ぎタバコの輸入輸出の大集散地であったことを考えれば当然のような気がする。彼の『道徳感情論』の中にも嗅ぎタバコ入れの所持への愛着ということを例として語った文章がある。貴金属や宝石、象牙などをふんだんに用いた贅沢な嗅ぎタバコ入れが、当時、金持ちのあいだで収集の対象になっていたことと関係しよう。

ちなみにスペインでは葉巻、イギリスではパイプ・タバコが、フランスでは嗅ぎタバコが当初は優勢であったとのことである。スコットランドで嗅ぎタバコが愛好されていたとすればスコットランドとフランスとの長い友好関係が原因になっていたのかもしれない。もっともヨーロッパ、イギリスでともに嗅ぎタバコは広く普及していたという説もある。実際、新大陸の各地からスペインが持ち込んだタバコの風習の中にはすでに喫煙のほかに非喫煙の嗅ぎタバコや噛みタバコの習慣まで入っていたというから、むしろイギリスやヨーロッパの中では風習そのものが流動的であって、あまり細かく記述するとむしろ誤る恐れがあるかもしれない。なお余談になるが、現在主流の紙巻タバコのシガレットが普及するのは、十九世紀中期のクリミア戦争の後の話であるといわれる。クリミアに出兵していた一部のスペイン人の悪習慣がイタリア兵を通じて一気に連合軍に伝わったというのである。だからかの歌姫にして女工のカルメンがセヴィリアのタバコ工場で作っていたのはシガレットではなくて葉巻であったのではないかということになる。

さて、スミスが嗅ぎタバコの愛好者（?）であったというのに対して、ジョンソン博士が吸っていたのはパイプである。イギリスの文学者はフランスやドイツの文学者に比べると何故か喫煙者が多いが、そのなかでもジョンソン博士の喫煙ぶりは有名である。彼の主宰した「文学クラブ」もおそらく煙もうもうの中での談論風発の場であったのだろう。なにしろシャーマン的文化創造者の系譜に属する人こそが「不安とともに願望思考が強く社会の強迫性に敏感な者として、タバコ喫煙に最も親近感を抱く人々ではなかったかと想定される」（青木芳夫『ホモ・フーマンス』山愛書院、二〇〇五年）という考えがあるくらいである。私はタバコは吸わないが、ヘヴィ・スモーカーであった父が友人たちと議論しながら吐き出すもうもうたる煙を少しも苦にしなかった私の身にとっては、むしろロンドンの居酒屋でのそういう人たちがかもしだすその雰囲気に、想像して気持ちが湧き立つ思いはある。他方、男性専用のクラブに対抗してモンタギュウ夫人などによってつくられた、女性だけの「文学サロン」に結集していた「ブルーストッキングズ」と呼ばれた新しがりやで文学好きの女性たちの様子は、時にジョンソンなども招かれる機会もあったらしいが、どうであったのか、いささか気になるところである。

ところでアダム・スミスとジョンソン博士との交流は何処から生れたのであろうか。紅茶と酒を浴びるほど呑みタバコのにおいを周囲に撒き散らしながら快活にしゃべり続けるジョンソン博士と、つつましく酒も控えめであまりしゃべらず時に放心状態に陥るといわれたスミスとは、あまりにもその個性が違うように見える。多くの人はまた二人の学問領域の距離の遠さに驚くかもしれない。とても両者に接点があるようには見えない。でもスミスの経歴を見れば疑問は氷解する。道徳哲学者であり、経済学者でもあったスミスの学問的経歴はむしろ文学的領域から始まっているのである。

ジョンソン博士の方は一七〇九年にリッチフィールドという田舎町で本屋の息子として生れた。

けっして裕福な育ちではない。子供の頃から暴れん坊だったが秀才でもあった。それで彼の才能を認める人もあり、母親の願いもあってオックスフォード大学に四学期在籍したが資金が続かず中退し、いろいろな職業を転々として苦労しながら20歳年上の持参金つきの未亡人と結婚して所帯をもった。彼は批評眼に長けた妻を終生愛し、その妻の死に際しての愛惜の情は切々とした彼の文章に残されている。しかし彼は本格的に文学者になるために、初めはその愛する妻を田舎に置いてロンドンに出て行くのである。二十八歳の時だった。アダム・スミスより十四歳年上である。

ロンドンはその頃ちょうどホガースの描いた酔っ払いの街「ジン横丁」のようなひどい有様で、首相ウォルポールの支配する、平和ではあったにせよ享楽と悪徳によどんだ花の都であったのだ。そんなロンドンにやってきた田舎者のジョンソンが糊口を凌ぐ道を得るのにどれほど苦労したか知れない。もちろんジョンソンはたいへんな秀才で能力もあり自信も強かったが、雑誌へ多彩な執筆を行うものの評価はなかなか得られなかった。それでもやがて時代の荒廃を鋭く描く風刺詩で評判となり、また独力でユニークな『英語辞典』二巻（一七五五年）を書き上げ、週刊紙『ザ・ラムブラー』を発行し、多くの文学者を一七六四年に設立した「ザ・クラブ」に糾合することで、やがて詩人・文芸批評家としてその名を挙げ、ついには文壇の大御所となっていったのである。一七七五年オクスフォード大学はサミュエル・ジョンソンに法学博士の学位を贈っている。それが彼が博士の名で呼ばれる由来だが、実はその前に彼の編集し執筆した『英語辞典』の扉に

A.M.（文学修士、現行のM.A.とは逆表示）を著者名につけることをオクスフォード大学に認められていたばかりか、すでにその十年も前の一七六五年にダブリンのトリニティ・カレッジからもLL.D.（法学博士）を授与されていた。それだけでなく一七六二年には、その「文学的功労の報酬」として年三〇〇ポンドという年金までがジョージⅢ世によって下賜されることになった。「年金」とは「功なくして与えられる給与」だと彼の『辞典』に説明しているので躊躇したといわれるが、「『辞典』の中の定義は彼自身には当てはまらない」という友人サー・ジョシュアの助言で納得して、彼は受け取ることにしたという。そしてそれもこれもみなその詩人・文学評論家としての業績と彼を崇拝してやまない取り巻きたちの配慮の賜物なのであった。

しかしジョンソン博士の生活はそれでもアカデミックなものからは遠く、一七六九年には、王立芸術アカデミーの古代文学教授に任じられるものの、彼はその人生のほとんどをクラブか居酒屋かコーヒーハウスか、のいずれかで過ごしたといわれる。彼が一七六四年につくった「文学クラブ」は、ソーホーの「タークス・ヘッド」という小さな居酒屋の離れで毎週金曜日に少人数が集まって食事をし、そのあと懇談をほとんど夜中まで続けたということだ。ただし、人数が増えるにしたがって会を開催する場所も何度か替わっているようだ。後には全員が昼食に参加するという形になったとも言われる。会員の数はボズウェルによれば三十五名であった。

ここで注目したいのは、その「文学クラブ」にあのアダム・スミスが参加していたということである。一七七五年に参加を許されたということだが、その加入はけっして簡単なことではなかったようだ。ギボンは最初の投票で入会に落選したそうだし、ジョンソン博士の崇拝者で有名な『ジョンソン伝』の著者でもあるボズウェルは、グラスゴウ大学でかつてスミスに学んだ学生でありながら、スミスの参加には懐疑論的思想の持ち主という理由で反対だった。実際、スミスは反王党派の正真正銘のホィッグとみられていたし、ジョンソン博士の方は心底、王党派でトーリィ党員であった。だからこそ保守派のボズウェルはスミスをこの「クラブ」に入会させることでこの会の入会条件が甘くなったと嘆いたのである。もっとも彼はスミスの入会決定のときロンドンにいなかったのでスミスへの反対票は投じることは出来なかった。

三

ボズウェルの『ジョンソン伝』はさまざまな逸話の宝庫であるが、その中にスミスとジョンソン博士との話題もある。最初に出てくる話題は、ボズウェルにスミスが「ジョンソンは現存の誰よりも多くの本を知っている」と語ったというものだ。彼はスミスほどジョンソンのこの問題について語るのに適当な人物は他にはいないと述べている。つまり当時すでに二人は比類なき権威だったのである。

実際、スミスはジョンソンが『英語辞典』を刊行したとき、*Edinburgh Review*誌に、その書評を書いている（一七五五年）。スミスが以前、言語学や言語形成史について、講演したり、論文を書いたりしていた事を考えれば不思議ではない。スミスはフランスやイタリアではアカデミーの総力を挙げて行った仕事を、イギリスではジョンソンただ一人の手によって成し遂げられたこの辞書の刊行が、いかに英語にとって先駆的な業績であるかと賛美し、また語彙の選択も豊富で的確であると大いに称揚しつつ、同時に同書の欠点を述べてもその価値をいささかも減じるものでないと留保をつけながら、butとhumourの二語を例に挙げて、その説明が十分体系的ではない、と指摘している。要するに辞書の「プラン」がそもそもあまり「文法的でなく」、「語義が類別に整理されていない」きらいがあるといったのである。

ジョンソンも一言なかるべからず、というところであろうが、ボズウェルの『ジョンソン伝』には不思議なことにこの出来事は触れられていない。しかし一七六三年になってジョンソンは、「僕は以前スミスと同席したことがあるが、われわれは互いになじめなかった」と語っている。それは二年前にストラーンの家でスミスとジョンソンが口論して、ジョンソンがだいぶ粗暴な態度を示したという事実を踏まえているようだが、『辞典』の批評とは直接関係がないようだ。しかしボズウェルが、スミスは英語の詩歌における無韻詩に対する押韻詩の優位について、極めて納得の行く説明を与えていたのを知っていたので、ジョンソンに、私のグラスゴウ大学時代の恩師のアダム・スミス博士がジョンソン博士と同じ見解を強力に主張していたことを報告すると、「以前はなじめなかったが」という先の言葉に続けて、「もし君が言うほどに彼が押韻詩の熱烈な愛好家だと知っていたならば、僕は彼を抱き締めただろうな」と、ジョンソンの反応を描いている。

ジョンソンとスミスとの間の不仲を宗教や政治上の対立のせいにする意見も強い。ジョンソンが根っからの王党派でトーリィであるのに対して、スミスがホイッグ的で宗教的には理神論でヒュームの懐疑派に近いことは広く知られていた。しかしそれは決定的に検証されているわけでもない。関係がどうあったとしても二人はスミスがロンドンに滞在していた数年間は、「文学クラブ」に出席して文学について、あるいは社会、政治、経済について語り合っていたはずなのである。ジョンソンに嫌われていたら「文学クラブ」にだって入れない。スミスがそのクラブで長々と昔講演したことのある同じ模倣芸術論について論じたという記録もあるほどである。だから「これほど退屈な男には会ったことがない」というジョンソンの述懐が出てくるのかもしれない。タバコの煙で充満した酒場の雰囲気の中で仲間に取り囲まれ大声で才気みなぎる警句を飛ばし続けるジョンソン博士にとっては、確かにいささか鬱病気味であったとされる当時のスミスが、それほど魅力ある人物に映らなかったとしても当然だったかもしれないのだ。

ただそれにもかかわらずボズウェルがスミスの『国富論』の刊行に際して次のようにスミスを否定的に語ろうとしたとき、ジョンソン博士が同意しなかったのは、スミスに同感するものが何かあったからに相違ない。実際、ジョンソンは経済にも興味を持っていたようだ。それはこういうことである。ボズウェルはジョンソン博士に、ちょうど『国富論』が出版されたばかりだったのでそれを話題にした。彼は「今まで商業に従事した経験がないスミス博士がこの主題についてこんな立派な書物を著わすなどとは、ちょうど法律家が医学の本を書くのと同程度までに予想外に思われる」と、サー・ジョン・プリングルが自分に語った、とジョンソンを挑発したのである。

ところがボズウェルの予想に反してジョンソンは「彼の考えは間違っている」といって、次のように説明した。「君、自分で商業に従事した経験がない男だって疑いもなく商業について立派な書物を著わせる。いや商業以上に哲学による例証が必要とされる領域は他にないくらいだ。単なる富つまり金銭についてならば、一つの国もしくは人間が他の国もしくは他人を貧しくしない限り富裕になれないことは明瞭だが、商業はそれよりもっと貴重なもの、つまりより多くの国々の個別な便宜の交換を実現する。ところが商人は通例は彼個人の特殊な商売だけしか考えない。これについての立派な書物を書くためには、人は必ず広い視野を持たなければならない。この主題について上手に書くためには、自分でこれに携わった経験など少しも必要でない」と。商業あるいはより一般的に経済に対する理論的把握の必要性を、ジョンソン博士が論じようとしていたとすればとても興味深い。しかしボズウェルは話をやや別な方向にもっていったので、『国富論』の話題が深められることはなかった。

スミスがやがてロンドンを引き上げると、二人の交流は終わらざるをえない。一七七六年にスミスはロンドンを去って故郷のカーコディに戻り、翌々年、命ぜられたスコットランドの関税委員としてエディンバラに移住することになる。その後、スミスが短期にロンドンを訪れることはあったが、ジョンソンもすでに老いている。彼は一七八一年には、*The Lives of the Poets*（詩人伝）を最終巻の第一〇巻まで出版するが、一七八三年中風を病み、また親しい友人を失う。翌年、失意のうち小旅行してロンドンに戻るが、体調衰え、一七八四年一二月その生涯を閉じる。その頃スミスの体調も思わしくなく慢性疾患に苦しむものの、一七八七年グラスゴウ大学の総長に推戴され、一七九〇年『道徳感情論』増訂第6版を刊行したが、病状の悪化により、七月その一生を終えたのであった。

二人の進んだ方向とその性向を考えれば、大きな展開がその後の二人の交流に期待できたわけではないけれども、その邂逅がそれはそれでその時代にとって貴重な出来事であったように思うのは、私の二人の巨人に対する思い入れがあまりに強いせいなのであろうか。

【主な参考文献】

アダム・スミス著　水田洋他訳『アダム・スミス哲学論文集』名古屋大学出版会、一九九三年。

J・ボズウェル著　中野好之訳『サミュエル・ジョンソン伝一、二、三』みすず書房、一九八一～三年。（なお、いちいち明記していないが、文中の引用はほとんど本書からのものである）

K.Haakonssen ed. *The Cambridge Companion to ADAM SMITH*, Cambridge U.P.,2006.

第14章　フレデリック・デムートのこと
——「カール・マルクスは私の父親だ」——

最近、"*Karl Marx is my father*"〔「カール・マルクスは私の父親だ」〕という本（極東書店、二〇一一年一二月）が出た。副題のタイトルには、The Documentation of Frederick Demuth's Parentage とある。英語版とドイツ語版と日本語版が一緒になっていて原文が読めるのは有難いし便利だ。そこには今までは見られなかった衝撃的な内容の資料がいくつかあって、従前の推測を強く裏付けるものとなっている。私は改めてこの問題について記憶を確かめることにした。

一

フレデリック・デムートのことを知ったのはいつのことだったか。あれは法政大学の広い教授室の一隅でいつものように宇野弘蔵先生を囲んで雑談に耽っていた時だと思う。宇野先生が東京大学を定年でお辞めになって法政大学に移られてから、授業の合間に法政大学におられた先生の知り合いの若い教員たちが集まって、先生を中心に学問の話やら学界の裏話などを楽しんでいたのである。法政大学に関係のない私も暇が出来るとそこを訪ねて仲間に入れてもらい雑談に打ち興じていた。

そういうある日、突然、先生は、「マルクスに私生児がいたことを君ら知っていたかね」と我々に尋ねられたのである。誰もがびっくりした。私もその時フレデリック・デムートのことを初めて知ったのであった。その問題について新しい知見を発表して衝撃を与えたBlumenbergのマルクス伝（*Karl Marx in Selbstzeugnissen und Bilddokumenten*, 1962）はすでに出版されていたはずだが、もちろんその存在など知る由もなかった。宇野先生は佐藤金三郎氏から聞いたといわれたが、その典拠は一橋大学の都築忠七氏が英文で出版した*The life of Eleanor Marx,*（Oxford,1967）にあるとのことだった。

宇野先生もいささか興奮されていたと記憶するが、我々もショックは大きかった。マルクスを偶像化したり神格化したりすることは我々にはすでになかったが、それにしても意外に感じたことも事実だ。マルクスの愛妻ぶりはつとに有名だったからである。

私は早速「丸善」に注文して都築氏の本を取り寄せた。といってもその本が届くのに三カ月ぐらいかかったと思う。急いで読んでみて、エレナ・マルクスをめぐっての興味深い数々の事実を学ぶとともに、あらためてマルクス一家に忠実な家政婦レンヒェンが誰が父親とも分からない男の子を生み、その子が労働者としてロンドンのハックニーに住んでいたことやエンゲルスの遺産相続をめぐるごたごたなどを知ったのであった。そしてそのフレデリック（通称フレディ）という男子がマルクスの子供であることが死の直前にエンゲルスによって明かされたという事実も知った。これは確かに大きな驚きであった。

マルクスに私生児などいるはずがないと、ある高名なマルクス学者が憤慨して語ったという噂も耳に入ってきた。しかも憤慨した人間は一人ではなかった。しかしそういう受け止め方はかえってマルクスをスキャンダリズムの渦中に落とし込めることになってしまう。ソ連のマルクス＝レーニン主義研究所は当時それを完全に無視したようだ。それに追従した日本人も多い。しかし我々は、もとより宇野先生もそうだが、マルクスに私生児がいたからといって、それが彼の業績を損なうものではないことは承知していたし、実際、そのことによってマルクスへの尊敬が失われるということもなかった。むしろマルクスやエンゲルスの業績をそういう人間の潔癖さなどによって道徳的にも補強しようというような馬鹿げた試みに対する警鐘になってくれれば嬉しいと思ったぐらいである。

二

最近のマルクスの伝記には、ヘレーネ・デムート（愛称レンヒェンあるいはレム）の子供であるフレデリック・デムート（愛称フレディ）のことは、かならずといっていいほど触れられている。かなり以前からそうだったとも言えるだろう。そういう指摘は現在アムステルダムの社会史国際研究所に保存されている旧ドイツ社会民主党の文庫の中から発見されたタイプ打ちのある手紙の写しが元になっている。長年上記の研究所の所員であったブルーメンブルクがその所蔵資料の中からその手紙を発見し、一九六二年にその著*Karl Marx, in Selbstzeugnissen und Bilddokumenten,*（Hamburg, 1962）〔浜井修・堤彪訳『マルクス』一八七四年〕の中でその一部を引用して初めて公にした。マルクスの死後、エンゲルスの家の家政婦になったヘレーネ・デムートが世を去ってから、エンゲルスの家の家政婦を任されていたカウツキー前夫人の手紙で、それはフレデリックがマルクスの子供であることを死の間際にあったエンゲルスが証言した事実を明らかにする内容のものであった。

それは欧米のマルクス研究家の間で当然評判になり、その手紙の真贋が問題にされた。手書きの本物でなくタイプによる写しであることもあって、一部にはそれがマルクスやエンゲルスを貶めるためのナチスの陰謀とする見解さえあった。日本でも多くのマルクス学者は疑っていたが、佐藤金三郎氏はその遺著『マルクス遺稿物語』（岩波新書一九八九年）でほぼ正しいものとして扱っている。ただしその編者の伊東光晴氏は私には疑念を表明しておられた。私自身は先の都築氏のエリナ・マルクス伝やイヴォンヌ・カップの大作*Eleanor Marx,* Vol.1, Family Life, Vol.2, Crowded Years,（London1972, 1976）、そしてE.Payne：*The Unknown Marx,*（N.Y.U.P., 1971）などによりながら、マルクスの私生児の存在を疑いないものと信じ、「公開講座」などでしゃべり、かつ書いて発表した（「フレデリック・デムートのこと」『時代を流れる』方丈堂出版一九九一年、所収）。この問題についての一般の反応はしかし半信半疑のものが多かった。

ただ時間がたったせいか、今ではほとんど疑う者はいないように見える。実際、比較的最近マルクスの伝記を書いて評判になったフランシス・ウイーンの*Karl Marx : A Life,*（London, 1999）〔田口俊樹訳『カール・マルクスの生涯』朝日新聞社二〇〇二年〕でも、それが疑うことのできない真実であることを主張しており、マルクス夫人の伝記を書いたフランソワーズ・ジローは女性の厳しい視線でその*Jenny Marx ou la femme du diable*（paris, 1992）〔幸田礼雅訳『イェニー・マルクス―悪魔を愛した女』新評論一九九五年〕に、マルクス夫妻に生じた悲惨な心理的状況を克明に描いている。そして今その研究状況をさらに劇的に変えたのは最初に紹介した今回刊行を見たばかりの*Karl Marx is my father*（日本語版名『わが父カール・マルクス』）で明らかになった資料の数々でないだろうか。それは今まで投げかけられていたいくつかの疑問を晴らす内容のものだったからである。これによって事実はほぼ確定されたとみてよいであろう。

二

その問題に入る前に、ここで少し事実を説明しておかなくてはならない。

ヘンリー・フレデリック・デムートは一八五一年六月二十三日にロンドンのソホーのディーン・ストリート二十八番にヘレーネ・デムートを母親として生を受けた。出生届けには父親の名前の記載はない。フレデリックの生まれた当時のその建物は今でも残っているが、その二階にある狭い二部屋が亡命したばかりの貧しかったマルクス一家の住まいであった。一間にマルクス夫人が幼い子供たちと住み、あと一間がマルクスの書斎であり家政婦のレンヒェンことヘレーネ・

デムートの居室になるのであった。レンヒェンはイェニーがマルクスと結婚するときに実家のヴェストファーレン男爵家の母がつけてくれた若い忠実な家政婦で、当時二十八歳になっていた。ヘンリー・フレデリックと名付けられたその子供は間もなくルイスというロンドンの労働者の家に里子に出された。そしてレンヒェンはマルクス家を出ていってしまった。その時のマルクス夫人の悩みがいかばかりであったかは僅かに残る文書の中にうかがわれる。「一八五一年の夏の初めある事件が起こり私たちは公私ともども大変な悲しい思いをしましたが、そのことについて私は語るつもりはありません」と彼女はのちに書いている。

彼女自身も妊娠中であった。しかもその間彼女は夫カール・マルクスの母方の伯父をオランダまで訪ねて金銭の援助の無心に行っている。家を留守にしていたその時にレンヒェンが妊娠した可能性が高いのである。おまけにイェニーは伯父からの援助を断られて帰ってきた。その直後一歳にもならないグイードが肺炎で死んだのだ。初めて子供を失った彼女は悲運を嘆いたが、まもなく女の子を産みフランチェスカと名づけられた。そのあと、レンヒェンが誰が父親ともわからない男の子を生んだのである。マルクス夫人の衝撃は想像できる。彼女はレンヒェンの子供の父親が誰かを知らなかったということはありうるが、しかし分かっていても真実は隠し通して絶対に明らかにしなかったであろう。マルクスの当時の手紙も夫妻の深刻な危機を伝えているが、その「秘密」の内容や原因については一切エンゲルスにも手紙では語っていない。少なくともそういう内容の手紙は残されていない。ただ夫人の不機嫌を伝えるだけである。

マルクスがエンゲルスにその問題の解決に当たっての助力に大いなる感謝をささげている手紙があったという証言はあるが、少なくともそのような手紙は現在まで発見されていない。ただその頃マルクスがマンチェスターにエンゲルスをわざわざ訪ねて直接相談しようとしていることは手紙の中でうかがうことはできる。エンゲルスもマルクスに、何時こちらへ来るのか、とにかく会って話してから決着をつけよう、と返事を書いている。どのように解決されたのか。結局その子供の父親は分からないままに誰も詮索しなくなった。噂が立たなかったわけではないし、マルクスは、でたらめな噂を流すべきでない、などとつぶやいていたが、大きなスキャンダルになることもなかった。マルクスの三女エリナだけはエンゲルスを疑っていたようだ。ともあれレンヒェンも帰って来た。ふたたび一家の生活は元に戻った。しかししこりは残ったままだったであろう。

三

フレデリック・デムートの子供の頃や青年時代のことは確かなことはほとんど何も分かっていない。生まれるとすぐ里子に出されたが、その後のことは今でも空白のままである。彼の書いた手紙の文章などからみて、彼がロンドンの労働者の中で育てられ、限られた教育しか受けていないのではないかと、カップは推測している。事実、ベルンシュタインはベーベルにあてた書簡の中で、フレディは何の苦情ももらしたことはなかったが、ただ自分が最下層の人々の間で育てられ子供の頃からパンのために働いていたので、自分にふさわしい教育を受けられなかったことだけがとても腹立たしい、と述べていたことを紹介している。残っている記録には、成人した彼はフレデリック・ルイス・デムートという名前で記載されているそうだ。ルイスは養父の姓で、母のつけたヘンリーという名前を落としたのも彼であろう。ルイスという姓は結婚するまで使っていたようだ。そのあとはデムートを名乗っていたらしい。

成人したフレデリックは長い間修業して熟練した機械組立工になり、一八八八年には技術工の組合に加入している。一時彼は組合の活動家であったこともあるようだ。彼はその時までに結婚しているが、組合の記録などでは年齢が一歳若くなっているらしい。カップの推測では、それは彼の生年の誤記ではなくて、彼の養家での彼の兄弟の年齢との調整の結果であるとのことだ。彼はロンドンの労働者の街として知られるハックニーのブランデン・アヴェニュウの小さな家に住んでいた。彼は青い目をもち立派なひげを生やし、小柄で身だしなみがよく、控えめな性格であったといわれる。また身のこなしは敏捷で通勤には必ずグラッドストーンバッグと呼ばれる大きなカバンをもち、労働者としては例外的に良いものを身につけていたとのことだ。彼は共産主義には何の興味も示さなかったが、組合活動には熱心で、政治に非常に関心を持っていたらしい。ちなみに彼の住んでいた所はロンドン市議会に初めて社会主義者を送り込んだ選挙区として知られている。

フレデリックの一生は決して幸福なものではなかった。彼は一人息子のハリーを溺愛したが必ずしも報いられなかった。彼が預かっていた組合の金を家出した妻に持ち逃げされたことがあって、マルクスの娘たちが金策に奔走したこともあった。レンヒェンの子供ということでマルクスの娘たちとは仲が良かったのである。とくにエレナとは親しかった。マルクスの死後、レンヒェンは乞われてエンゲルス家の家政婦となった。そこへフレディは定期的に通うようになっていた。いつも玄関からではなくて地下室の勝手口からであったという。しかしエンゲルスが彼に冷たかったというわけではない。今回明らかになったフレディの手紙では、二週間ごとにエンゲルスの家で夕べを過ごし、マルクスやエンゲルスがともに若かった頃の活動など多くの話題を話し合ったことが述べられている。彼は生母やエンゲルスとともども、そこでエリナ・マルクスやエドワード・エイヴリング（エリナの内縁の夫）、ルイーゼ・カウツキー（カウツキーの最初の妻）、ルードリッヒ・フライベルガー（ルイーゼの再婚相手）などとも親しく付き合ったのである。

一八九〇年ヘレーナ・デムートが死ぬと、エンゲルスは大変に打ちひしがれた。ヘレーナはマルクス夫妻の墓の傍らに埋葬された。彼女がフレディとトゥッシー（エリナの愛称）の手をとって最後に言った言葉は「フレディの名前をはっきりさせて」（Clear Fredy's name）というものだったと、フレディは記している。エンゲルスはそのあとお気に入りの女性でカウツキーの元妻であったルイーゼを秘書兼家政婦に決め、やがて彼女は事情あってフライベルガーと結婚して、エンゲルスと一緒に彼らは住むことになり、その後もっと大きな家を探してきてそこにエンゲルスを転居させた。のちに明らかになるが、ルイーゼはこのフレディ問題の解明に際して極めて重要な役割を演じる人物である。フレディは相変わらずエンゲルスの新しい家を訪ねたが、以前ほど頻繁でなくなり個人的な話もしなくなったという。エンゲルスも病気になり老いが深まっていたのだ。

四

マルクスの私生児の誕生の噂はマルクスの死後、関係者の間で少しずつ広まっていった。フレディの父親はエンゲルスだと信じ込んでいたトゥッシーも気にしていた。

先のブルーメンブルグの『マルクス伝』での紹介で一躍有名になった、フレデリック・デムートの出生の秘密が明らかにされる有名な場面は次のものである。その場面はエンゲルスの家の家政婦であったルイーゼの手紙によっている。それは第二次世界大戦前、オランダの研究所に売却されたのち、ナチスによる焚書を怖れてドイツからフランスを経由し秘密裏にコペンハーゲンに移動され、ドイツ軍のオランダ進攻中一時はイギリスに避難されていた、かつてのドイツ社会民主党の所有したマルクス、エンゲルスの遺稿や手紙を中核とする多くの歴史的文書の中にあったものである。現在はアムステルダムの社会史国際研究所にある。

第二次大戦後、その研究所の所員だったブルーメンブルグがその中からその手紙を初めて掘り起こした。その手紙はタイプ打ちのもので他に手書きの本物の存在を暗示させるものだという。しかしそれは今回、ベーベルのベルンシュタイン宛の手紙の中にルイーゼの手紙が引用されていることで写しが本物と同じであることがほぼ証明され、従来のルィーゼの手紙の信憑性への疑念は完全に払しょくされたのであった。しかもルイーゼのその手紙はもともとベーベル宛の手紙で、ベーベルからのフレディの父権についての問い合わせに対する返事であることが、その新しい資料であるベルンシュタイン宛てのベーベルの書簡の発掘で明らかになったのである。その関連の解明は、ひとえにかつてリヤザーノフが自ら所長となったマルクス＝エンゲルス研究所のために収集し、彼がスターリンによって粛清されたのちの後任者となったアドラツキーが、スターリンの命令でモスクワの党文書館の奥深くに隠匿した資料の閲覧が、近年可能になったことによるものであった。

ブルーメンブルグの紹介によって有名になったその書簡を見よう。

「……フレディ・デムートがマルクスの息子であることを、私は将軍（エンゲルスの愛称）その人から聞いたのです。トゥッシー（エリナ）がどうしてもというので、私が直接老人に尋ねることになったのでした。将軍はトゥッシーがそんなにも強情に自分の思いこみにこだわるのをとても驚いていました。そしてその時すでに、エンゲルスは自分の息子をないがしろにしているという陰口がうるさい時には、やむをえなければこの事実によって反論してもよいと、私に言ってくれたのです。あなたには将軍が死ぬずっと前にそのことをお話しましたよね。覚えていらっしゃるでしょう。／フレデリック・デムートがカール・マルクスとヘレーネ・デムートの息子であることを、将軍はさらに死の数日前にもムーアさんにはっきりと言いました。それを聞くとムーアさんはオーピングトンのトゥッシーのところへ行き、彼女にそのことを伝えました。トゥッシーは「将軍は嘘をついているんだわ。何時だって自分が父親だと自分で言っていたのに」と言って譲りませんでした。ムーアはオーピングトンから戻ってきて、もう一度将軍に念を押して尋ねました。しかし老人は、フレディがマルクスの息子であるという主張をひるがえすことなく、「トゥッシーは自分の父親を偶像にまつりあげようとしているのだよ」、とムーアに言いました。／日曜日に、つまり死の前日ですが、将軍はトゥッシーのためにそのことを自分で石盤に書いてやりました。トゥッシーは非常に動揺して外へでてくると、私への憎しみもすっかり忘れたように、私の首にかじりついてさめざめと泣きました。／将軍は私たちに（つまりムーアさんとルードリッヒと私に）、フレディにたいしてケチだと非難されるようなことがあった場合に限って事実を明るみに出して良いと、一切の扱いを任せてくれたのです。彼は言いました。自分は自分の名前を傷つけられたくないのだ。ましてそんなことをしてももう誰の利益にもならないのだから、と。マルクスの肩代わりをしてやることによって、彼はマルクスの家庭に深刻な諍いが起こることを防いだのです。……／フレディはマルクスにたいそう良く似ています。ふさふさとした黒髪の、明らかにユダヤ人とわかる顔立ちをしているのに、将軍と似ているなどというのは本当にあきめくらの偏見もいいところでしょう。マルクスが当時マンチェスターにいた将軍に宛てて書いた手紙を私は見たことがあります。将軍は、この手紙も、他の多くの往復書簡と同様、破棄してしまったのだと思います。／この問題について私が知っているのはこれだけです。フレディは、母親からも将軍からも父親が誰かと言うことを知らされていませんでした。私は最初にロンドンに行った時にフレディと知り合いました。老ムニ（ヘレーネ・デムート）が、私のいい人（Liebhaber）よ、と言って紹介してくれたのです。実際、彼は毎週規則的に彼女を訪問していました。しかし奇妙なことに彼は決して玄関を通らず、いつも勝手口から入ってくるのです。私が将軍のところに行くようになって初めて―そして彼もあいかわらず訪問を続けていたわけですから―私は、訪問者ならちゃんと訪問者らしくするようにと取り計らってやったのです。／私は今、あなたがお便りでお尋ねくださったところをもう一度読み返してみたところです。マルクスは、妻と離婚することになるかもしれないといつも恐れていたのです。彼女は恐ろしく嫉妬深かったのですから。彼は息子を愛してはいませんでした。スキャンダルにでもなれば、手の打ちようがなかったでしょう。彼は息子に何もしてやろうとはしませんでした。ルイス夫人とかいう名前の人だったと思いますが、その人のところでフレディは養われたのです。それで彼も自分の養い親の名前を名乗っていました。ニムが死んでから初めて、デムートの名前を用いるようになったのです。マルクス夫人がロンドンの夫の下を逃れてドイツへ行ったこと、そしてマルクスと夫人とは何年間もベッドをともにしなかったことを、トゥッシーは確かに知っていたはずですが、本当の理由を挙げるのは彼女には気に入らなかったのです。彼女は自分の父親を神格化し、きわめて美しい伝説を作り上げていたのですから。／……もちろんあなたは、どうしても必要ならば私のこの手紙を好きなように利用してかまいません」。（一八九二年九月二／四日ルイゼ・カウツキー＝フライベルガー夫人のアウグスト・ベーベル宛書簡）

この手紙には、それが明らかになったとき、いくつか疑問が指摘されていた。すでに紹介したことがあるが、この問題について当時いちばん詳しい文献であった前掲のカップの「エリナ・マルクス伝」の中のAppendix I（Frederick Demuth）では、例えば、マルクス夫妻がベッドをともにしていなかったと言っても、当時、別個に寝室を確保できる状況でなかったことは明らかではないか、とか、マルクス夫人がドイツへ帰ったとか言っても状況証拠はない、とか、また当時エンゲルスはマンチェスターにいたと言うが、彼はその頃ロンドンにいて始終会える状況にあったはずであるとか、いくつかの疑問が呈されていた。ルイーゼが信用できる人物ではなかったことを指摘したいのであるが、この問題はルイーゼがエンゲルスのお気に入りの女性であり、エンゲルスの遺産のもっとも多くを相続した人物であることを考えると、納得がいくところがある。フレディがエンゲルスの息子だったら遺産相続に大変な影響を受けるのである。ルイーゼとエンゲルスとの関係についてはエンゲルスの周辺の人たちはみな心配していたことは事実だ。ベーベルからフレディについてその父権がカール・マルクスにあることについてルイーゼの手紙を引用した報告を受けたベルンシュタインが半信半疑でなかなか信じなかったのも、そこに理由があったのではないだろうか。ベルンシュタインは、フレディが容貌もマルクスに似ていないし、性格も似ていないとして、ルイーゼの証言をまったく信用していないのである。しかしそれでもカップが認めているように、それだけではフレディの父親がマルクスであることを否定する理由にはならない。

今回明るみに出た新しい資料がそれを補強する。それはこの問題に関心を持ち資料収集に努めたリヤザーノフが当時の事情を知ろうとして、元社会民主党左派として活躍し、スパルタクス団を経て当時ドイツ共産党員であったクララ・ツェトキンに問い合わせた手紙の返事である。この手紙はフレディの出生のなぞの解明ということだけでなく、カウツキーの社会民主党内の評価など当時の事情を知る上でもなかなか興味深い。周知のようにリヤザーノフは一九三一年に失脚しのち刑死する。しかしその収集した資料は次のマルクス＝レーニン主義研究所の所長アドラツキーに引き継がれたが、アドラツキーの問い合わせに対するスターリンの「くだらぬことだ。『こうした資料』は何もかもアルヒーフの奥底にしまっておくように」という厳命で、アルヒーフの奥深く隠匿されていたのであった。

五

ツェトキンのその手紙を見てみよう。長いものなのでだいぶ省略してある。

「……／カール・マルクスとヘレーネ・デムートの息子の存在につきましては、ほかでもないカール・カウツキーその人から聞いたのです。しかも反論の余地のない事実だとして、マルクスとエンゲルスの往復書簡を見ればマルクスがニムの私生児の父親であることが確かに分かるのだと、エディ（ベルンシュタインの愛称）が彼に教えてくれたと、言っていました。手紙の中でマルクスは自分の妻への方策として子供の父親になってくれるという、たいそう好意ある友情を示してくれたエンゲルスに対して、言葉を尽くして感謝しているのだそうです。自分かエンゲルスのどちらかしか父親になれる人物は考えられないが、自分が父親であると認めるのは自分の妻のためを思えばできないことだと、マルクスは考えたということです。……／この『思いがけない発見』は、あらゆる配慮にもかかわらず『党のかなり狭い範囲』では知れ渡っておりました。……パルヴスは誰にも言わないというありきたりの約束をしてベルンシュタインの友人から教えてもらったと、ある日私に話してくれました。後になって、……バルヴスは『結婚生活の過ち』のために、彼は自分の行為の正当化のために、マルクスだって私生児を持ったと言うことを引き合いに出した、とダーニア・ヘルファントが憤慨して私に伝えたことがあります。……ベルンシュタインが修正社会主義の理論的な父となり、多くの同士が彼に反対する方策を提起したときのこと、ベーベルはこの問題を話しながら私に言いました。『エディ（ベルンシュタイン）がマルクスとエンゲルスの往復書簡を握っているのは忌々しいことだ。それを使ってやつは大なり小なりの面白くないことを我々に仕掛けることが出来るんだ。機嫌を損ねた腹いせに手紙から痛いところを抜き出して、人間的な、あまりに人間的なことを公に持ち出してくることだってしかねまい。例えばマルクスの私生児のことをだ。そうすれば俗物どもの格好の餌食ということになろう。マルクスには道学者でございというところはまったくなかったんだがな。しかし俗物どもに社会民主党の女好きというお決まりのたわごとを煽り立ててやるには及ぶまい』と。／しかし何にも増していっそう決定的であり、いっそう説得力を持つのは、次の経験です。一八九六年のロンドンで第二インターナショナルの会議に列席した折、私は会議の終了後もさらに一週間か、それより長くそこに滞在していました。ある日のこと、私はトゥッシーの『家』で一夕を過ごすことになりました。それについては、私たちがことのほか急速に、心底打ち解けた間柄になっていたと言うことを申し上げなければなりません。……彼女が私をその夕べに招待してくれた時、彼女は言ったのです。『ねえ、あなたは絶対に来てくださいね。あなたをびっくりさせるものがあるわ』。その日エイヴリング家には私のほかに二・三人の友人が招かれていて、私たちは思い思いにかたまっておしゃべりをしていました。トゥッシーが私を脇に連れていきました。『ちょっと待っててね。びっくりするわよ』。それから彼女は一人のやや若い痩せた男の人の手を引いて私のところへ連れてきました。覚えている限りでは、彼は少し前かがみになっていたように思います。『さあ、クララ、兄を紹介するわ。母は違うんですけど。ニムとモール（マルクス）との息子です。あなたはきっとその話は知っているわね。

素敵な人よ。ちょっとお相手してね』。トゥッシーはそこを離れ、フレディは明らかに当惑していました。私たちは会議や新しい労働組合運動について少しおしゃべりしました。……少したってトゥッシーが母違いの兄のところへ戻ってきました。『父と将軍が私たちの母への思いやりから嘘をつき、黙っていたことは知っているわね。二人がそうしたのは正しいことでした。自分を犠牲にしてもいいほどにカールを愛していたのだけれども、ミームヒェン（イェニイ・マルクス）はやはりそれに耐えられなかったでしょうから。でもこの若い人が私たちとまったく切り離されてしまったことは、本当に残念でならないわ。母の死後、私たちに、少なくとも私には、ありのままを話してくれてもよったのに。父がそうしてくれなかったのはまだ分かります。ジェニー（マルクスの長女）と母の死にあまりにも打撃を受け、昔を思い出す余裕などなかったでしょうから。でもモールの死後、将軍とニムが相変わらず黙っていたのは、本当に理解できません。あの時にこの人をもっと私たちと近いところに引き取っていたら、彼にとってどんなによかったことでしょう。……』。／この夕べは私にとって忘れがたい思い出となりました。……トゥッシーが死んでからニムの息子は『われらの仲間うち』の人々から消え去り、消息を絶ってしまったようです。……／ニムの息子に対するエンゲルスの振る舞いは。おそらくかれが表向きの『対面』を大いに重んじていたことからある程度説明されるでしょう。エディと彼の奥さんのギーネ、それからトゥッシーもそれぞれ異句同音に話してくれたことは、その証拠といえるでしょう。カウツキーの最初の妻のルイーぜがエンゲルスの家を取り仕切っていたときに、彼女は身重になったのですが、そうすると将軍は、オーストリア人フライベルガーと急いで結婚するように言い張ったと言うのです。彼は頻繁に家に出入りしてはいましたが、ぜんぜん生まれてくる子供の父親ではなかったのに、父親はむしろヴィクトル・アードーラかベーベル、あるいはひょっとしたら、高齢にもかかわらずエンゲルスであったかもしれないというのです。ベーベルが父親であると言うのが一番ありそうなことだったのだそうです。この点に関しましては、耳にしたうわさ話を細かくお話してあなたを煩わせることはいたしません。私はフレディの一件を明らかにするのに役立つことを報告いたしますが、ゆめゆめ慎みを忘れるようなことはいたしますまい。……／マルクス家でのレンヒエン・デムートの立場に関しては。K．K．（カウツキー）はおおむね正しく描き出しています。……私が聞かされていることをひっくるめて申し上げれば、マルクス夫妻に対する関係は、K．K．の記述からそう思えるほど堅苦しいものでも、儀式張ったものでも、ブルジュワ趣味的なものでもありませんでした。三人はお互いにduで話しかけていました。K．K．の記述には『マルクス様、私はあなたに警告をいたします』というニムの厳かな言い回しが出てきますが、それを読んだ時、思わず笑ってしまいました。……カウツキーは、家族間の親密な言葉から、使用人と雇い主というブルジュワ的関係の言葉へと置きかえてしまったのです。皇太子御用達（ad usum delphini）さながらに、モールは、敬愛すべき民衆のために、マルクス様に貶められてしまいました。市民として清廉潔白な夫マルクスという輝かしい栄光に、影の影たりとも落ちかからぬように。……私の印象を述べさせていただきますと、問題はそのことで公衆の間にどうしても鐘太鼓を打ち鳴らさなければならないというほど重要なことではないように思います。さらにもう一つ。おそらくフレディはまだ生きています。【フレディは一九二九年一月二十八日に死んでいる――引用者】そしてもし――誰にもそんな権利はありませんが――『彼の父親は誰か』という論争を白日の下にさらしてしまうならば、彼をひどく傷つけることになってしまうでしょう。……」。（一九二九年二月二十七日、クララ・ツェトキンのダーフィト・リヤザーノフ宛の書簡）

ここではエリナは完全にフレディを母は違うが父は同じ兄妹（Halbbruder）として扱っている。実際、ここでは直接関係ないが、例えば今も残っているエリナのフレディに宛てた切々たる思いのこもった手紙の数々を読めば、二人がまぎれもない兄妹の感情で結ばれていることが分かる。「愛するエイヴリングにそむかれ自殺に追い込まれる一ヶ月ほど前の手紙でエリナは、「愛するフレディ、あなたは私が本当に打ち解けられるたったひとりのお友達です。……誰にもいえないことでもあなたには言える。前だったら、あの大好きなニミイに話したのだけれど、彼女が亡くなった今、話せるのはあなただけです」と、書いている。トゥッシーが死んだ後、フレディが関係者の間から姿を消したのも分からないではない。でもフレディは病身であったがまだ生きていて、一九一二年に病床からマルクスの亡くなった長女夫妻の息子（マルクスの孫）に書いた手紙が残っている。それはこの時点でもなお、フレディ自身の父親がマルクスであることを何とか確証しようとする思いのこもった痛切な手紙である。これも新しく公開された、かつてのリヤザーノフの収集と思われる。

これもとても長いものだ。それは最近の自らの状況、ラファルグ夫妻（ポールとマルクスの次女ラウラ）の自殺の衝撃、手に大きな怪我をして自由に働けなくなった状況などを報告した後、次のように書いている。

「……世界の社会主義者がこぞってドイツの社会民主党のすごい勝利を喜んでいるときに、一体どれだけの人間が、大マルクスの息子がロンドンの病院に横たわって生死の間をさまよっているのを知っているだろうか。……だが僕は、こんな僕のあり様を考えると、他の人からよりも僕から君に聞いてもらうのが良いと決心したよ。だからジャンよ、これから僕の両親の話を君にはっきり話そうと思うんだ。もちろんできる限りはっきりと、ということだがね」と書いて、次のように続ける。「僕の母がマルクス家にどれほど献身的に仕えたかは君は知っている。君がまだあんまり小さかったので、彼女が君のお母さんをどんなに愛していたか分からなかったんだよ。他の人だって彼女はとても好きだった。トゥッシーやラウラをな。だが君のお母さんのためなら彼女は命を投げ出したことだろう。彼女が君をとてもかわいがったことは君も知っているね。もちろん状況が状況だったので、僕は母に面倒を見てもらったことは一度もない。マルクスが死ぬと、僕の母はエンゲルスのところへ行って家を切り盛りした。僕はいつも二週間ごとに夕べを将軍と過ごしたものだった。そして僕らは様々なことを話したのさ。マルクスとエンゲルスがふたりとも若かった日の活動のこと、彼らが直面した困難など、そうさな、その素敵な付き合いは僕の母が死ぬまで続いたよ。彼女が死んだときには、僕と将軍、トゥッシー、エイヴリング、医者、それから二人の召使がいた。彼女がほとんど最後に言った言葉は、フレディの名前をはっきりさせて（clear Fredy's name）ということだった。トゥッシーと僕の手を持ちながらそういったのさ。それから何分かして彼女は目を閉じ、彼女に当然与えられるべき平安へと召されていった。トゥッシーが僕に言った。ルイスの名前を受け入れられるかと。これは僕を子供のときから世話してくれた家族の名前で、僕が一八七三年に結婚するまでそう呼ばれていたんだよ。僕はトゥッシーに、僕はもう僕自身の名前を名乗っているし、仕事場でもその名前で呼ばれているんだから、それはできないと言った。すぐにエンゲルスが言った。そのとおりだ。しかしドイツではトラブルを引き起こすだろうな。しかし帝国議会でだてに三十二議席を占めているのではないことを見せてやろう、と。もちろん僕は彼が何を言っているのか分からなかったし、誰も教えてくれなかったよ。それは一八九〇年のことだ。僕の母は十一月四日に死んだんだ。さて僕の母の死が引き起こした混乱がとても大きなものだったので、僕は母の遺志を実現させるのにトゥッシーを煩わせることはしなかった。それから、トゥッシーの発案でカウツキー夫人が将軍のために家政を見るように選ばれた。それは僕の個人的な立場から言えば、最悪の選択だったよ。母の生前からカウツキー夫人はエンゲルスの遺言の中で大いに優遇されていたんだからな。さて、それから間もないうちにフライベルガーが登場してきて、その後すぐルイーゼ・カウツキーはフライベルガー夫人になるということになった。それで彼らは将軍の家に住み込んだのさ。彼らはそれからあまりしないうちに、自分で探してきたもっと大きな家に将軍を移らせた。僕は相変わらず将軍を訪問していたが、それほど頻繁ではなくなったよ。将軍と僕とでもう個人的な話をすることもなくなった。それからまもなく僕は将軍の大きな変化に気がついたんだ。彼はすぐ疲れてしまうようになった。それで僕の訪問も間遠になっていったのさ。さて、それから彼の最後の病気がやってきて、大団円となった。トゥッシーはあのならず者のエイヴリングに催眠術をかけられていたらしくて、エンゲルスが僕の父だと言った。それで僕は、これで僕の名前をはっきりさせろという母の臨終の遺志の意味が分かったと思った。将軍はその頃ひどく具合が悪かったが、頭ははっきりしていた。君はムーア氏を知っていたっけ。エンゲルスの遺言執行人の一人なんだ。ところでトゥッシーはこのムーア氏にもそう言ったのさ。彼はエンゲルスの生涯を通じての友人で、僕の母のことを知っていたんだ。そりゃぁもうフライベルガー夫妻はかんかんさ。不思議なことじゃないよ。トゥッシーの言うことが正しいとすれば、それが彼らにとって何を意味するか君にも分かるだろうからね。僕は将軍に会えなかった。それから彼は急に死んでしまった。

僕はムーア氏に手紙を書いてトゥッシーが言ったことを伝えた。……彼の言い分によれば、トゥッシーがエンゲルスが僕の父だと言ったので、エンゲルスにそのことを尋ねるのは義務だと思い、そうした。するとエンゲルスはきっぱりそれを否定して、ムーアに次のように言ったということだった。『あなたは私からだといって、それが真っ赤な嘘だとトゥッシーに伝えてもいい。この次彼女に会ったら、そのことについて彼女に話そう』。それからムーアは次のように続けている。『不幸なことにその次に彼がトゥッシーに会った時には、彼はあまりにも弱っていて、どんな話題も話すことが出来なかった』。しかしムーアは、『私が将軍の人となりを知っている限りでは、もし彼が君の父親ならば、彼がそれを否定したなどと、私は一瞬なりとも信じない』と書いている。僕も、もしそうならエンゲルスはそれを否定しなかっただろうと思うといわなくちゃならんな。さて、それから僕はラウラに手紙をやって、トゥッシーが言ったことと、マルクスが僕の父であることを信じるに十分な理由があると書いた。ラウラは手紙をくれたが、僕の言ったことを否定もしなければ肯定もしなかったよ。だが僕の母親やその他の人々がそのことについてずっと何も言わなかったとすれば、疑いもなく彼らにはそうするに十分な理由があったのだ、と彼女は指摘した。もちろん僕はそれが実によく理解できたよ。トゥッシーは相変わらず自分で言ったことに固執したがね。しかしラウラとはそれ以上話は進まなかった。さてエンゲルスの遺言が読み上げられたとき、エイヴリングは言ったものだ。『我々は君がかかわっていないのにこれらすべての金を受け取るわけにはいかない。だって、誰でも君の名前がいわれるだろうと思っていただろうからね』。そうはならなかったのさ。さて、僕は動揺したりはしなかったよ。だって金ということでは何も期待していなかったからね。それにエイヴリングにしろ、他の誰にしろ、僕は一ペニーたりとももらったことはなかった。それからしばらくして受け取った唯一の金といえば、ラウラとトゥッシーが僕に払ってくれた額だったが、それは僕が君のお母さまに貸していた分だったのさ。その金の受け取りはトゥッシーに送って、ラウラにも見てもらうようにした。そうして僕に払われた金は、はっきりさせとかなくちゃならないとトゥッシーが言ったからだよ。しかし僕は真実を知ると言う希望を捨てなかった。それで努力を重ねて、ついにマルクスが僕の父だと強く確信するに至ったんだ。そして手術のおかげでもうおしまいも近いし、僕が知っていることを他人も知っていることはわかっているんだから、僕が持っている知識を僕がまだこちらにいる間に君に知らせる方が、僕がもうこっちにいなくなって君の欲しがる情報をあげられなくなってしまってから、他人に聞くよりも、はるかにいいと思うんだ。親しいジャンよ。僕は僕の健康に関してはとても望ましい状態じゃないし、十一日にはベックスヒルの療養所に入ることになっている。……ジャンよ。次に僕が手紙を書くときは、事がうまく運んでいることを報告できればいいな」。

その後、手紙が書かれたかどうかはわからない。しかしフレディはこの手紙を書いてからあと十六年以上生きた。フレディを自分の父の違う兄妹だとクララ・ツェトキンに紹介したトゥッシーはすでに自殺している。この時点でもなおフレディはカール・マルクスが自分の父親であるという「確信」はいだいているものの、先のツェトキンの証言にもかかわらず、なおその確証を完全に得ているというようには見えない。次の手紙でそれが示せたらいいが、という彼の希望が最後に述べられているからである。果たしてその確証は存在するのか。

六

Karl Marx is my father の著者は、「以上で紹介した諸文書を全体としてみると、カール・マルクスその人がフレデリック・デムートの実父であった、という結論が生じる」、と書いている。そして「その問題を完璧に解明するためには、クララ・ツェトキンがカウツキーから聞いたという書簡、すなわちそこでは、マルクスがエンゲルスの『偉大な友情』に、『言葉を尽くして』感謝しているという、マルクスのエンゲルスに宛てたあの書簡を発見することが必要である。しかし今日にいたるも失われたままである」と書いている。確かに、発見されればまさに決定的な証拠となるであろう。しかし廃棄された可能性は高い。

理由はさまざまであろうが、近年、フレディの後を追う研究はますます盛んになっているようだ。フレディは母親から遺産を九十五ポンドを得たが、エンゲルスは何も遺さなかったことは、フレディの手紙にもあるとおりだ。エンゲルスがフレディの父権をはっきり否定している以上、中途半端なことをして疑惑を与えたくなかったことは理解できる。ただカップはフレディが死んだとき、週九シリングの退職年金しかもらっていなかったのに、なぜ九七一ポンドもの大金を遺すことができたのか、大きな謎だと述べている。

フレディの一人息子のハリーはタクシーの運転手をしていたが、たくさんの家族を抱えて生活は苦しく、やがて一旗あげるべく単身でオーストラリアに渡る。しかし結局良い職を得られずイギリスに戻ったようだ。その後のことはわかっていない。カップによればその辺の事情は、ロウラやベルンシュタインに宛てたフレディの手紙でわずかに知ることができるようだ。ただカップにとっていちばん大きな謎は、フレディが一九二六年に書いた遺言書の中で、「私の息子として知られている甥のハリー・デムート氏」と記していることだそうだ。事実だとすれば、この問題も当然、解けない謎のままである。フレディに甥がいるとすれば彼に兄弟姉妹のいずれかがいたはずである。そんな人物がいた可能性があるのだろうか。ハリーはルイス家にいた時の義理の兄弟の子供だったのだろうか。

ブルーメンブルグがルイーゼ・カウツキーの手紙をもとに、カール・マルクスがフレデリック・デムートの父親であると断じて、世界に大きな衝撃を与えたことはすでに述べたが、ルイーゼが信用できる人物ではないという評判がその証言に疑惑を感じさせ、マルクス崇拝者にいささかの安心感を与えていたのであった。カップはすでに、その噂が信用できないルイーゼのあやふやな話によるものであることに安堵する人がいるかもしれないが、その真実をエンゲルスが彼女に伝えたという事実までも疑えるものではない、と述べていた。今回明らかになったいくつかの文書は、ルイーゼの手紙についてのさまざまな疑惑や憶測を払拭するとともに、さらにマルクスがフレディの父親であったという事実を確実に補強する重要な資料になっているとみてよいであろう。問題はそれによってマルクスという人間の複雑さを示すことになったとしても、彼の偉大さがそれによって損なわれるものではないということだ。

戦前、闇に包まれていたマルクスの私生児問題を新資料によって戦後明るみに出したブルーメンブルグは、そのマルクス伝の中で、マルクスとエンゲルスの往復書簡集をベーベルとベルンシュタインが極端に内容を省略して出版したことを例に挙げて、マルクスが己をさらけ出さないことがモラルの点でも宣伝上の点でも必要であると考えていた編者を批判し、中断したとはいえ無省略で出版したリヤザーノフの態度を評価している。リヤザーノフは、「マルクスは自分をありのままに見せる権利があり、また世界はこの偉大な人間をありのままに知る権利がある、という正当な見解を抱いていた」というのである。これはブルーメンブルグ自身の考えでもあり、彼の『マルクス伝』の特徴にもなっている。

道徳家がその主張と現実の行動が矛盾しているというのであればともかく、マルクスはその学説の偉大さによって高く評価されているのであって、マルクスの人間性に対する倫理的批判があったとしても、それはその学問の評価とは関係がない。デカルトが女中に私生児を産ませたとしても、またモーツァルトがマルクスと同じように金銭管理能力に欠けていても、それがそれぞれの偉大な業績を損なうものでないのと同じように、そのことに疑う余地はない。先のブルーメンブルグも、「およそ優れた精神というものは、我々を俗物根性から解放してくれるものである。マルクスも例外ではない。我々が彼の直面した生の葛藤に気付くとき、それだけいっそう彼は偉大になる」と述べているのである。マルクスが単なる凡庸な市民でもなければ、たぐいまれな英雄でもなく、複雑な人間性の持ち主であったことを知ることによって我々のマルクス理解が進むとともに、その理論の背景の理解にも資するところがあるのではないかと考えたくなるのである。

以前書いたことを繰り返すことになるが、私はマルクスの思想を美化するあまり、マルクスを聖人のようにあがめる誤った風習がこれによって消えることになれば、本当の意味でマルクスの学問的評価が可能になるのではないかと考えている。だからこのいわばスキャンダラスな話にもなりかねない新しい真実の発見が、大いに意義あるもののように思えてならないのである。

【参考文献】

Blumennberg,Werner, *Karl Marx in Selbstzeugnissen und Bilddokumenten*.Rowohlt, Hamburg,1962.（浜井修・堤彪訳『マルクス』理想社一八七四年）

Tsuzuki,Chushichi. *The Life of Eleanor Marx 1855-1898*. Clarendon Press, Oxford,1967.（日本語版『エリノア・マルクス〈1855-1898〉ある社会主義者の悲劇』みすず書房一九八四年）

Kapp,Yvonne, *Eleanor Marx* 2Vols.（Vol.1:Family Life, 1855-1885, vol.2;The Crowded Years,1884-1898）Lawrence and Wishart,London,Vol.1,1972,Vol.2,1976.

Giroud,Francoise, *Jenny Marx ou la femme du diable*, Editions Robert Laffont, Paris 1992.（幸田礼雄訳『イェ

ニー・マルクス―悪魔を愛した女―』新評論一九九五年）

Wheen, Francis, *Marl Marx : A Life*, Fourth Estate, London 1999.（田口俊樹訳『カール・マルクスの生涯』朝日新聞社二〇〇二年）

Omura Izumi, Kubo Shunichi, Hecher,Rolf and Fomicev,Valerij（ed), *Karl Marx is my Father*（The Documentation of Frederick Demuth's Parentage）Kyokutoshobo,Tokyo 2011.（日本語版表題『わが父カール・マルクス―マルクス伝の歴史を変えたフレディ書簡―』極東書店二〇一一年）

佐藤金三郎著（伊東光晴編）『マルクス遺稿物語』岩波書店一九八九年

【付記】

文中の引用は、いちいち明記していないが、大部分 *Karl Marx is my father* からのものである。他のものについても引用文献の所在は明らかになっているはずである。

なお本稿の執筆に当たっては、以前執筆した拙稿「フレデリック・デムートのこと」（拙著『時代を流れる』方丈堂出版一九九一年所収）を利用したところがある。

附章　樋口一葉の日記

一

樋口一葉がおびただしい日記を残していることはよく知られている。二十歳から二十四歳で亡くなる数ヶ月前までの日記が保存され、それを我々が読むことが出来るということは誠に幸運であったというほかにない。「もとより世の人に見するべきものならねばふでに花なく文に艶なし」といいながら「おもふことといはざらんは腹ふくるるてふたとへも侍れば、おのが心にうれしともかなしともおもひあまりたるをもらすになん」（明治二十四年四月十一日）として書き始めた日記は、ある意味では彼女の小説にも勝るとも劣らない価値ある創作である。死に際に焼却するように頼んだともいわれる日記が、姉の書いたものは惜しくて捨てることができないといってひそかに保存し、写本まで作って整理した、妹の邦子の貢献を第一に挙げなければならないが、他方、個人のプライバシイにかかわる叙述を含むその日記を、またそれゆえに焼却するよう妹に命じた一葉であったのだろうが、その文学的価値の高さを思って少しの削除もしないで、識者の反対をも押し切ってそのままの形で発表しようと考えながら、なお躊躇して果たせずして死んだ、一葉

にあふれ、まこと……

と最後まで親しく付き合った斉藤緑雨、そして斉藤の死後、その遺志を継いで最終的に『全集』において公開を実現した、やはり晩年の一葉のもっとも信頼厚き友、馬場孤蝶の並々ならぬ意思と努力を思わざるを得ないのである。

二人は一葉を愛し、またそのよき理解者であったからこそ、日記文中に自らに対する一葉の批評が含まれていたにせよ、全文をあえて公開することを決意したのであった。一葉を傷つけることを案じて一部削除あるいはその修正を主張した鷗外と、修正の必要なしと主張した露伴とが、それが原因の一つで不仲になったと聞くと、ますますそう思うのである。もちろんその日記に脱落部分があることは知られている通りだ。多くは一葉自身のプライバシイにかかわる箇所で、皆の興味の集まるところである。しかしそれは一葉自身を含めて、誰かが行ったことには違いないだろうが、詮索しても所詮どうにもならないことである。編集した孤蝶自身も自分の手で省略した部分は一つもないと述べている。残っているものをもって見るしかないし、それだけでも十分価値は尽きない。

一葉が小説だけしか残していなかったとすれば、それらがまことに珠玉の短編で文学的価値の高いものであることが紛うことのない事実であったとしても、今日までこれほどの評価を一葉が持ち続けることが出来たかどうかは疑問である。多くの人が、その点で、同じように考えている。彼女が残した膨大な日記は一葉自身に対する人間的興味と関心を引き出すだけではない。それ自身一つの作品である。臆病で人見知りしがちな生身の樋口奈津（夏子）が、誰遠慮することなしに、率直に自己の内面を語ったものである。実際、比較的まとめて書かれる傾向にあるのも、たんなる日々の記述を超える可能性を大きく秘めている。

日記はしかも一葉の個性を浮き出させ、具体的な生活を背景に、その思想や感情の表出を通して、彼女の小説の理解を一段と深める効果がある。あるいは小説を超えた尽きせぬ魅力さえ秘めている。人間に対する洞察力、想像力、分析力、文章の技巧に裏付けられた的確な表現力は、その何処を取っても、豊かな文学性とみずみずしい感性に満ち満ちている。今井邦子はその著『樋口一葉』において、「実にこの日記程私を深くとらへた読物は外に類を知らないのである」と述べているが、その心情は、まことに「一葉日記」を読んでこそよく理解できるものである。実際、日記をめぐる研究は依然盛んであり、一葉の人間研究とその新しい伝記の出現は今でも尽きることがない。その日記は一葉の女性としての内面を告白するとともに、彼女のたぐいまれな知性を表わしている。板垣直子はその『評伝樋口一葉』の中で、「彼女の才能の一番大事なものは今日の言葉で言へば知性である。……非常に強い知性の力があつたためにあれだけしつかりした文学を残した」と指摘しているが、その特徴は、板垣が一番顕著だという一葉の文範『通俗書簡文』もさることながら、私はその「日記」の中にもっとも端的に見出されるように思うのである。

それはある意味では、「紫式部日記」の存在が表面的な記述にとどまらないその自らの屈折した内面を率直に綴ることによって、その「日記」自体の価値を高めたと同時に、文学作品である「源氏物語」の内容やその作者との関係をより立体化し、その作品を一段と豊富にまた深く理解する材料になっていることと似ているかもしれない。ただ一葉の日記はそれ自身生涯を綴った一つの自伝文学であるともいえるという点で、その役割はより大きいであろう。紫式部も日記の中で、ライヴァルでもあった清少納言を厳しく批判しながら、対抗して自らの内心の高揚を知らず知らずのうちに語るなど、実に興味深いが、一葉も厳しく人を評価しながら、そこに揺れ動く内心を重ね合わせ陰影深く論じて、これまた一葉の人間像に対する興趣は尽きることがない。

二

一葉がその日記の中で語っている内容は、もちろん日記であるから天候や地震、火事などの記録など日常茶飯の記事や家庭内の出来事、親族、知人の話題、あるいは借金をめぐる話なども多いので、全部が全部そうであるとはいえないにしても、そこに巧みな文章で織り込まれた内容には、初々しい純愛の発露とともに、驚くほど広く深く厳しい人間観察と鋭い社会性、高い倫理性、気概に満ちた強い意志、そして達観した悟りへの境地がうかがわれる。半井桃水に対する熱々たる思慕の語りも底に流れる毅然とした倫理観で、単なる若い娘の嘆き節とはならない。とても二十歳前後の女性とは考えられないほどの人間的な成熟と威厳を示している。そういう彼女だからこそ、晩年多くの知識ある若者が、彼女の家を訪れ、彼女の話に耳を傾けたのだと思う。

いつもひそかに一人で訪ねた斉藤緑雨を別にしても、平田禿木、馬場孤蝶、戸川秋骨、川上眉山、上田敏、島崎藤村など『文学界』とその周りに集う若手文学者が、しばしば何人かで連れ立って丸山福山町の一葉が家族と住む三間しかない小さな家を訪ねている。一葉とほとんど同世代の男性のインテリ文学者が、たとえば三人、四人と並んで狭い六畳の片隅に座る彼女の前にかしこまってその話に耳を傾ける図を、どう想像できるであろうか。しかしそれは事実であったのである。もちろん初対面でなくなって、親しくなってくれば、いつもかしこまってばかりいたわけではない。

客がしゃべり、一葉が聞き手になることもあった。しかし座を取り持ち、話題の中心にいたのはいつも一葉であった。上品でしとやかで女らしくないところは挙げられないくらい女性的であったが、何処となく女離れしていて、それは一葉の気迫に圧するところがあったせいであり、ともに語って痛快な人であった、と孤蝶は回想している。初めて訪ねたとき怖がっていた戸川秋骨は、「女史の話し振りを実際に見るに及んで、それまで懐いて居た恐怖は消散してしまった。当時日清戦争が始まったばかりであったが、丁度その時戦争に関する号外が出て夫を売る声が聞こえたのを記憶して居る。すると女史が何と云はれたか覚えては居らないが、何でもそれに対して冷語を加へられた。その一句の冷語が酷く私の気に入つて、今までの怖かつたその感は直ちに反対な懐かしい感と代つてしまった」と印象を語っている。

さらに後年、彼は一葉が封建的な思想の持ち主ではないかという考えに反論して、「封建に反抗的な所、そこが私共と一葉さんとの一致点だと思ひます」とも述べている。そこには一種同志的な雰囲気すら感じられる。一葉は貧しいなかでも稀には寿司や鰻を取って彼らにご馳走さえしているようだ。彼らに借金を申し込んだことはまったくなかった。彼女は特別の事情のないかぎり、どんなに執筆などで忙しくても来客は歓迎し、およそ客を拒むことはなかったのである。「大音寺前のあの店でも、すずしい瞳で人を迎へ、透き通るやうな声で語ってゐた。福山町のあの居に於ては、応酬更に流れるやうに、警句は口をついで出て、起居に五分の隙もなく、真に水の滴れるやうな客間の取り捌きを見せてゐた。生の酒盃を余瀝なきまで汲み尽くしたのがこの人である」とは、禿木の言葉である。

ある晩、高等中学の同窓会の帰りに孤蝶と禿木が酔って訪ねてきたことがある。一葉は日記に詳細に記した。深夜まで文学や哲学を論じて果てしなく、皆で談笑し、時に議論になれば一葉があいだに入って、判者になったりする。楽しさは限りないのだが、この人たちは所詮仮の友でしかない、と一葉は思う。昨日は他人であっても、今日は心を開いた友になる。しかし今日の親友が明日の何であろうか。花は必ず散るべきものと知ってはいても、暮春の恨みは誰にでもあること。今宵の楽しい会合のことを書きとめて、後々の思い出の涙の種の一つにしよう、と彼女は寂しげに記している。「静かに後来を思ひて現在を見れば此会合又得べしや否や」と言うのは、自分がその集いの中でただ一人の女であることを意識せざるを得ない一葉の実感でもあっただろう。

三

ただそれにしても、そういうところで一体どんな話が交わされたのだろうかと思う。しかし日記からは会合の事実の記録はあっても、その具体的な内容はあまり記されていないので分からない。宗教や哲学の議論を好み、また世相についても鋭い発言をしたということである。

一葉は「塵中日記」（明治二十六年十二月二日）に次のように記した。「半夜眼をとぢて静かに当世の有さまをおもへば、あはれいかさまに成らんとすらん。かひなき女子の何事をおもひたりとも、猶蟻みみずの天を論ずるにもにて、我れをしらざるの甚だしと人しらばいはんなれど、さてもおなじ天をいただけば、風雨雷電いづれか身の上にかからざらんや。……いで、よしや物好きの名にたちて、のちの人のあざけりをうくるも、かかる世にうまれ合せたる身の、する事なしに終らむやは、なすべき道を尋ねて、なすべき道を行はんのみ。さても恥ずかしきは女子の身なれど、吹きかへす秋の風にをみなへし／ひとりはもれぬものにぞ有ける」と。彼女の世の中を見定める視点ははっきりしている。近代を切り開いていく女性の自覚はすでに出来ている。また、そういう自覚あるいは思想性なくしてはあのインテリ青年たちの関心と興味をあれほどまでに惹きつけはしなかったのではないか。実際、前にも触れたが、一葉に思想性はないという大方の座談会の出席者の中で、かつて一葉サロンに足繁く出入りしていた戸川秋骨が反論して、一葉との一致点は反封建にあったといっていたことが想起される。

また最晩年、病篤き病床に一葉を訪ねた副島八十六は「下層階級の救済の急務なるを説くや、彼女最も熱心に之に同意し彼女亦余に説く所多かりき」と自らの日誌に記している。ただ晩年に何度か会って共鳴しあった横山源之助の一葉宛の書簡などのほかには、残念ながらそういう発言の内容を窺わせるものは一葉の日記を含めて他にほとんど見出せない。まして文学の中に思想がむき出しに出てくるようなものを一葉が描くはずもない。ただ彼女が新聞の政治面しか読まないという話が残っているように、自らの貧苦を根源から問いただそうという思いがないわけではなかったと思う。横山源次郎と会って話が通じ合ったということが示しているのは、彼女の社会的な視野の拡大を示すものではないのか。日記にも記載はなく、詳しいことが何もわからないのは残念である。

しかし一葉の思想などという問題は別にして、その場の記録ではないにしても、ある程度一葉の話の一例として想像できるような材料が、一葉の残した記述の中にまったくないわけではない。一葉の家を頻繁に訪ねた上田敏によると、「通例の婦人と話をするのとは違ひ、また通例の友人間ではなしをするのとも違ったが、それかと云って文学に関した話ばからすると云ふのでもない。つまり、よもやまの話の中に、一種言ふべからざる味のあった対談でありました。それで文学の話があった中、今記憶にあるのは、源氏談であります。一葉氏は非常な源氏崇拝者でありまして、その話はよく源氏に顕はれて居る女性の性格、又脚色の結構等に関する事で、其中には凡人の気のつかぬ女性の鋭利なる観察が含まれてありました。……文学談の外には、四方山の世間談、市井の出来事についての談話等が、その清談の主なる部分を占めて居りましたが、その会合と云ふものは互に誰も誰も非常に面白かったらしく思はれます」とのことである。女流文学者としてのてらいもなくごく普通の女性で、しかも常識があって天才肌の人、と上田は評している。

日付のない日記ともいえないこともない断章「さをのしずく」（明治二十八年二月？）に、一葉は次のようなことを書いている。――あるところで、紫式部と清少納言の優劣を論じたことがある。皆が紫式部を褒め称えて、それは当然ではあるが、自分は清少納言のためにあえて弁じてみた。清少納言は気の毒な人だ。紫式部の方は、父の教育があり、兄もいたし、彼女はその妹の立場で振舞うことも出来たのに対して、清少納言の方は後ろ盾になるような人もおらず、プライドはあるが生活は不如意だったので、自分の考えだけで判断して身を処するしか方法がなかった。紫式部は天台宗の一心三観の悟りを会得していたのに対し、清少納言の方は仏教は学んでいたようだが、感情の波が激しく、月のような悟りの境地にまで到達していなかった。清少納言が気の毒だというのはこのような境遇を言うのだ。才能は生まれつきのもので、徳は努力して養うものだ。紫式部日記で清少納言を非難しているのはもっともなことだが、清少納言は世間の普通の範疇には収まりきれない人なのである。

藤原行成を始め多くの立派な人たちに、たとえ一時的であったとしても、最高の女性と思われたことに清少納言も満足したはずだ。出来るものならあの天下の権力者藤原道長の前で話しをさせたかった。彼女を女性として議論するのは誤りなのだ。彼女は早くから女性の立場を離れた人で、終生夫もなく子供もなかった。筆のすさびに書いたという枕草子を読むと、表面は花紅葉のように美しく見えることも、二度三度と読み込んでゆくと、哀れに寂しい気持ちがその中にこもっている。源氏物語が千年に名を残す不朽の名作だと誉めるのは当然だが、時代の要求と作者とがぴったり一致したために、あの名作となったのだ。清少納言に紫式部ほどの才能がなかったとはいえない。紫式部の人徳が清少納言に勝っていたとしても、清少納言を悪く言うのはおかしい。たとえて言えば、紫式部は天地のいとし子で、清少納言は霜降る野辺の捨て子の身分である。哀れなのはこの人の身の上だ、と一葉が話すと、人々は皆あきれて笑った、というようなことが書いてある。

これは明らかに清少納言に仮託して一葉が自分自身のことを語っていると読むことが出来る。ある人のところで語ったことになっているが、それは「萩の舎」で師の中島歌子の代稽古として行った一葉の源氏物語の講義のときかもしれないが、一葉の創作である可能性も強い。だが、やはりここには一葉らしい非凡な発想が読み取れる。清少納言を藤原道長と会わせてみたかった、とはなんと卓抜な着想であろうか。一条天皇の中宮定子の側にあってその信頼厚き女房として終生仕えながら、他方で定子の実家を長徳の乱として裁いた道長の側に通じた人物とも目されて一時疎外された清少納言が、新たに入内させ、やがて中宮になる道長の娘彰子をどう思うか、紫式部が彰子の女房になることを思い起こせば、そのほかにも考えることは多い。一葉は立場の異なる二人に何を話させたかったのであろうか。そしてどんな効果をその後に想像したのであろうか。まことに文学者らしい趣向とも見える。小説の題材とすれば誠に興味は尽きない。あるいは源氏物語が千年の価値あるのは、時代の要求と作者の意図がぴったりあったからだという。なんという鋭い批評であろうか。詳しくその内容を聞きたかった、という思いが抜けない。

四

彼女はこのように自分のおかれた立場と辛い体験から空想と連想とを織り交ぜながら、さまざまなことを考えていたのだろうということが分かる。そしてそういう非凡な発想なり独自の見解なりが人々の関心と興味を集めることになったのではないかということなのである。日常の生活に疲れ、裁縫や小説執筆中のほんのわずかの合間に、巧みな文章と見事な筆で手早く日々の印象を一気に日記に書きつづる一葉の筆力にいまさらながら感嘆するばかりである。そこには一葉の呼吸が息づいている。そして現実に一葉の家で、あるいは「萩の舎」の友人の家などで、同年輩の親しい友と語るとき、交わされる会話には、おそらくその奔放さによって、日記よりさらにはるかに広範な内容と躍動する言葉の魅力があったに違いない。その魅力はどんなにか鮮やかで素晴らしいものであったろうか。

翻って一葉の文学の特徴を思うとき魅力は鋭い写実と苛酷な人生経験に裏づけられた心理分析を通じたその完璧な表現力にあると思う。一葉サロンでの饒舌さとは打って変わったある種の静謐さもその作品には漂う。どろどろした情景を描いてなおそこに透明感がある。簡潔で研ぎ澄まされた文体。演劇的でもある舞台設定。そしてその引き締まった構想力。それは彼女の和歌や古典の修行が関係しているであろう。日本の文学の伝統を踏んでいると同時に、文学の本道をも歩んでいる。文学の普遍性はそれが象徴だからである。一葉は文章の中ではただ饒舌に物事を語りはしない。「たけくらべ」の結末にしても、格子門の外側から差し入れられた水仙の造花は、造花ということでお寺から持ち出された真如のものと暗示されているだけだ。

「たけくらべ」が傑作であるのは、言葉のたとえがたい詩的な美しさと、主人公たちの躍動する、しかし無駄のない動き、文体に刻まれてゆくリズム感と方向感覚にあるが、それが劇的なストーリイ展開の中に時代や歴史を超えて人生の本質をとらえているからこそ何時までも人の心を打つのである。そうでなければ描かれた時代の日常性の喪失とともに作品も消え去ってしまうはずだ。それでも雅俗折衷の擬古文という文体であるにもかかわらず、「たけくらべ」、「にごりえ」などの作品が今になお読み継がれているのは周知の通りである。優れた小説の与える感銘の根拠は、決して日常性の描写の中にあるわけではないのである。時代性、政治性が文学の思想性を表わすものでもない。むしろそれを超えたところに文学の価値があるのだし、一葉の価値がある。

だからもちろん一葉の日記が価値があるのも、日常的で具体的な叙述への興味からだけではなくて、その内容が人生の普遍的な意味をおのずと物語っているからに相違ない。それは単なる備忘日記ではない。時間の進行とともに綴られた人間の告白であり生き方の追求であり人生の克服である。小説家の日記なんぞはみな作り物だという人もいるが、日記に限らずすべて人が自分の気持ちを文章にしようとすれば、それはみな作者の頭を経由した意識の産物になるのは当然である。事実そのものを書き付けることが出来ると考えているとすれば、あまりに素朴な理解でしかない。天候を記述するにしても、おのずから書く人の気持ちがにじみ出る。友人の来訪を告げるにしてもおのずから表情が表れる。嘘があろうが誇張があろうが脚色があろうが、そこに人生の真実を読み取るのが、それを読む者の仕事だというほかにないであろう。そして一葉の日記は彼女の辿った厳しくも濃密な人生の深奥を語って、まことに日本文学の傑作に値するものといってよい。

【主要参照文献】
『樋口一葉全集』、筑摩書房、一九七四〜九四年
『全集樋口一葉』別巻「一葉伝説」、小学館、一九九六年
『樋口一葉全集』別巻　和田芳恵編「樋口一葉研究」、新世社、一九四二年
今井邦子『樋口一葉』、萬里閣、一九四〇年
塩田良平『樋口一葉研究』(増補改訂版)、中央公論社、一九六八年
和田芳恵『一葉研究』(『和田芳恵全集』第四巻)、河出書房新社、一九七八年

あとがき

本書は、経済学に関する小論や恩師の思い出など、折に触れ書き溜めてファイルに保存してあったものの中から、すでに何らかの形で発表したものを除いて、選んだ文章で構成されている。これはもともと私が七十七歳になった折に刊行を予定していたことであったが、新しい研究の予定などが入ったりしたために、なかなか実現できないでいた。しかし私も齢すでに八十二歳を数えるに至り、眼疾も悪化し時間の余裕もなくなってきたので、改めて本書の編集に取り掛かることにしたのである。その間の時間の経過は小論の選択に若干の異動をもたらしたが、それは収録ページ数を大きくしないために、古い原稿をやめて新しい内容の原稿に置き変えただけで、本書の性格を変えるものではない。また、改めて発表する機会もないと思うので、今回思い切って書いたという部分もないではないが、その適否はそれはそれで読者諸賢の判断にゆだねるしかない。

第一章は《高校生のために》と題されているが、それはこれがもともと二〇〇三年六月二六日に埼玉県立草加高校で行われた講義にもとづいているからである。大学の経済学部を受験したいと希望する三十五人ほどの生徒に向かって行った一種の講話であるが、受験指導のような話はしたくなかったので、勝手に思いつくままこのような話をしてみたのである。話の前半はくどくど書いてある割に話はほぼそのままで、正確を期するための補筆は行ったが、内容にはほとんど手を加えていない。後半は時間の関係で簡単にしか話せなかったこともあり、また当時と今の経済状況の大きな変化も考慮に入れて、今回かなり加筆したが、これも話の大筋には変わりはないつもりである。なお多少経済学部や経営学部のカリキュラムについての話もしたが、それはここではすべて割愛した。

予定されていた休憩もなしに約二時間ぶっ通しで行った話を、熱心に聞いてくれた生徒たちに私は今も感動を禁じ得ない思いだ。居眠りもなく私語もなく目を輝かせながら熱心に耳を傾ける生徒たちの姿に、昨今の大学の講義での状況と比較して、その懸隔のあまりの大きさにびっくりしたものだ。しかもこの高校はいわゆる受験校でもないのだ。そして後で提出してもらった感想文の多様な反応と経済学に対する好奇心の芽生えに私は再び感動することになったのである。繰り返しが多く冗長であることはああいう場合では避けがたいとしても、そのほかにも言い足りない部分や誤解の生じうる表現もあると思うが、私としてはなるべく当時の形のまま残しておきたかったことも事実である。

第二章はすでに発表した論考にあとから後半を書き足したものである。発表した時から時間がかなりたっていることもあったが、問題が先進国イギリスと後発の資本主義国との関係なので、その間になお変化を続けた現在の先進国と新興国との関係にも話が及ばざるを得ない問題として、とくに中国を意識しつつ後半に加筆してみた。

第三章は私が二〇〇九年に社会評論社から上梓した『資本主義の農業的起源と経済学』に対す

る沖公祐氏の書評（『経済理論』46巻3号、二〇〇九年）について私の書いた「リプライ」（『経済理論』47巻2号、二〇一〇年）をもとに、若干の補足的説明を加えて、これまでの日本では聞きなれない拙著での私の主張の含意を改めて強調したものである。

第四章は以前、（旧）時潮社が刊行していた『季刊・経済と社会』という経済研究誌で「『共産党宣言』一五〇周年特集」号を出したときに、求められて寄稿したものである。私は一度断ったのだが、勧められて執筆した。一般的評価と違う理解だったので執筆に消極的だったのだが、私の率直な感想であることに間違いはない。

第五章は今年（二〇一三年）、二月と六月に開催された武蔵大学図書館の図書館セミナーで行った私のマーティーノゥに関する二つの講演の内容の一部を論文の形でまとめたもので、今回新しく書き下ろした。英文学に関してはもちろん素人なので不安は残るが、最近、マーティーノゥの経済学関係以外の作品にも目をふれての率直な印象を綴ったものである。

次の第六章から始まり第一二章に至るいくつかの未発表の論稿は、主に私の恩師の思い出の文章などでまとめた。宇野先生に関するものはいちいち説明は必要ないだろう。お二人の鈴木先生や森嶋先生についての文章も、同様、説明は要しまい。文中に多少の重複もあるが、あえて書きあらためることはしなかった。なお、鈴木武雄先生のものについては、すでに私の随筆集『時代を流れる』（一九九一年）に掲載済みであるが、武蔵大学の先生も加えたいという思いで若干加筆の上ここに再録することにしたものである。

あと、短い書評めいたものを「宇野理論の魅力と批判精神」と題して三つ載せたが、これはこぶし書房の広報誌『場』に掲載されたものである。比較的最近に書いたものなので、宇野先生の思い出のためにあえて加えさせてもらうことにした。

第一三章はTasc Monthly（二〇一一年一月号）というJTの研究所の雑誌に発表したものである。編集発行元が「（財）たばこ総合研究センター」であることもあって、タバコに関説することが多くなったが、それにしてもドクター・ジョンソンとアダム・スミスとの交友関係について触れた文献が内外に全く見当たらなかったのに驚いた記憶がある。

第一四章は未発表だが、一昨年、個人的な研究会で発表したことがある。これも新しい知見を得て、前掲の拙著『時代に流れる』に掲載した「フレデリック・デムートのこと」に大幅に加筆したものである。

最後の「樋口一葉の日記」は経済学にかかわりのないもので、本書に載せるのにふさわしいものではないが、私の愛好する一葉についての論考を一つだけここに附論として収録するわがままをお許しいただくことにした。経済学によって己の社会的位置を知り、文学によって己の人生における立ち位置を確かめるというのは、実際、我々に繰り返し教え諭してやまなかった恩師宇野先生の信条だったのである。

以上で内容についての説明を終わるが、マルクス経済学の理論およびその方法論を長年にわたって研究し、同時にその理論の形成史とマルクスに至る経済学説史、とりわけリカード、J・

S・ミル、そしてそれらの批判者としてのイギリス歴史学派などの検討、そして若干のイギリス資本主義発達史研究など、と限定されていた私の研究経歴も、ここでみると案外多彩な色合いに彩られていたような気がしないでもないが、それはもちろん錯覚にすぎない。いうまでもなく興味本位に入り口を覗いただけで、本格的な研究に立ち入ったとはとても言えない場合が多く、あちこち関心を拡散させたために自分の本来の研究をそれが阻害していたことが考えられるからだ。ただ学ぶことの楽しさをそこでも十分に味わうことは確実にできた。先が厳しく限られている老齢の私としては、結果はどうであれ、これはこれでかなり満足することができたのであり、それで十分としなければならない。

なお今回、いくつかの論稿については何人かの方に読んでいただき貴重なご意見をいただくことができた。一々お名前は挙げないが厚くお礼申し上げたい。

私の主観的な判断と価値観にあふれたこの本、そして誰が読むかわからないような内容の一貫性に欠けたこの本の出版を気楽に引き受けていただいた社会評論社の松田健二さんにはただ感謝するしか方法がない。私の父も昔、出版業を営んでいたから、松田さんの出版にかける情熱やそれを実現するためのおびただしい苦労は実によく分かるのである。これからどういう時代になるのか想像もつかないが、共通の目標を持って出版社と著者が信頼と友情を分かち合える時代がいつまでも続くことをただ祈るのみである。

この先どのような人生が残っているか全く予想できないとしても、少しでも視力が残っている限り努力して研究を続けたいと思う。とりあえず新しい論文集の構想を早くまとめたいと考えている。学ぶ楽しさ知る喜びはまだまだ大切にしていきたいのである。

二〇一三年一〇月一〇日

櫻井　毅

初出一覧

第1章　講演「経済とは何か、経済学とはどんな学問か、経済学部では何を学べるのか」（二〇〇三年六月二六日、埼玉県立草加高校）をもとに再構成した。
第2章　「イギリスの凋落は最先進国であった故か―Jervisの論稿（一九四七年）にみる―」、（『武蔵大学論集』四四巻一号、一九九六年）に後半を加えた。
第3章　「『資本主義の農業的起源と経済学』に対する書評〈評者：沖公祐〉へのリプライ」（『経済理論』四七巻二号、桜井書店、二〇一〇年）に加筆した。
第4章　「『共産党宣言』一五〇周年に想う」（『季刊・経済と社会』一二号一九九八年冬季号、時潮社）所収。
第5章　（未発表）
第6章　（未発表）
第7章　（未発表）
第8章　こぶし書房広報誌『場』№8（一九九六年一二月）／№11（一九九七年一二月）／№34（二〇〇六年一一月）
第9章　（未発表）
第10章　（未発表）
第11章　拙著『時代を流れる』Ⅸ章「思い出すまま―鈴木武雄先生のこと」（方丈堂出版、一九九一年）収録。
第12章　（未発表）
第13章　Tasc Monthly, No.421（たばこ総合研究センター、二〇一一年一月九月）所収。
第14章　前掲『時代を流れる』Ⅲ章「フレデリック・デムートのこと」に新資料を用いて大幅に加筆した。
附　章　（未発表）

櫻井　毅（さくらいつよし）

1831年7月13日東京市（現東京都）に生まれる
1950年3月武蔵高等学校卒業、同年4月武蔵大学経済学部に進学
1955年3月武蔵大学経済学部卒業、同年4月東京大学大学院に進学
1961年3月東京大学大学院社会科学研究科博士課程単位取得退学
1961年4月より武蔵大学経済学部勤務、助手、講師、助教授を歴任
1967年3月経済学博士（東京大学）
1968年4月教授
1984年1月経済学部長（1985年12月まで）
1992年4月武蔵大学学長
2000年3月学長退任、武蔵大学退職
現在、武蔵大学名誉教授

主要著書

『日本のマルクス経済学』上下（共著）青木書店、1967，1968年
『生産価格の理論』東京大学出版会、1968年
『資本論研究入門』（共編著）東京大学出版会、1976年
『論争・転形問題』（共編訳著）東京大学出版会、1978年
『宇野理論と資本論』有斐閣、1979年
『経済原論』（共著）世界書院、1979年
『イギリス古典経済学の方法と課題』ミネルヴァ書房、1988年
『アダム・スミスの娘たち―6人の女性経済学者』（監訳）龍溪書舎、1988年
『随想集　時代を流れる』方丈堂出版、1991年
『自ら調べ自ら考える―変貌する大学の中から』方丈堂出版、2001年
『講演集　経済学を歩く』新読書社、2003年
『経済学史研究の課題』御茶の水書房、2004年
『出版の意気地―櫻井書店と櫻井均』西田書店、2005年
『随想集　思い出に誘われるままに』西田書店、2007年
『女性経済学者群像―アダム・スミスを継ぐ卓越した8人』（監訳）御茶の水書房、2008年
『資本主義の農業的起源と経済学』社会評論社、2009年
『宇野理論の現在と論点―マルクス経済学の展開』(共編著)社会評論社、2010年
『ヴィクトリア時代におけるフェミニズムの勃興と経済学』（共編著）御茶の水書房、2012年

経済学と経済学者──学ぶ喜びと知る楽しさ

2014年 4 月20日　初版第 1 刷発行

編著者：櫻井　毅
装　幀：桑谷速人
発行人：松田健二
発行所：株式会社社会評論社
東京都文京区本郷2-3-10
☎03（3814）3861 FAX03（3818）2808
http://www.shahyo.com
組版：合同会社 悠
印刷・製本：株式会社ミツワ

資本主義の農業的起源と経済学

櫻井毅［著］

第1部　資本主義の農業的起源について――イギリスの農業における三肢構造の形成と資本主義の成立――
第1章　封建制から資本主義の移行をめぐって
第2章　問題の展回――マルクスの「資本の原始的蓄積」論
第3章　ハドソン、ブレナー、ウッドなどの近年の諸説
第4章　結論に向けて

第2部　経済学の成立とその対象としての農業資本主義
第1章　経済学の誕生――ペティからカンティヨンまで
第2章　フィジオクラートによる経済学の革新
第3章　農業資本主義の発展とアダム・スミスの登場

第3部　宇野弘蔵の「重商主義段階論」について――その批判的考察――
第1章　宇野弘蔵の重商主義段階論
第2章　イギリスの封建制の解体と農業資本主義の形成
第3章　宇野「重商主義段階論」の諸問題

Ａ５判上製／３８４頁／定価＝本体４３００円＋税